ANTIMANUAL FILOSÓFICO

Copyright © 2024 por
Paulo Monteiro

Todos os direitos desta publicação reservados à Maquinaria Sankto Editora e Distribuidora LTDA. Este livro segue o Novo Acordo Ortográfico de 1990.

É vedada a reprodução total ou parcial desta obra sem a prévia autorização, salvo como referência de pesquisa ou citação acompanhada da respectiva indicação. A violação dos direitos autorais é crime estabelecido na Lei n.9.610/98 e punido pelo artigo 194 do Código Penal.

Este texto é de responsabilidade do autor e não reflete necessariamente a opinião da Maquinaria Sankto Editora e Distribuidora LTDA.

Diretor-executivo
Guther Faggion

Editora-executiva
Renata Sturm

Diretor Comercial
Nilson Roberto da Silva

Financeiro
Alberto Balbino

Editor
Pedro Aranha

Preparação
Diana Szylit

Revisão
Rayssa Gatto Trevisan

Marketing e Comunicação
Matheus da Costa, Rafaela Blanco

Direção de Arte
Rafael Bersi

DADOS INTERNACIONAIS DE CATALOGAÇÃO NA PUBLICAÇÃO (CIP)
ANGÉLICA ILACQUA – CRB-8/7057

Monteiro, Paulo
    Antimanual filosófico : para pessoas inquietas com dogmas organizacionais / Paulo Monteiro. -- São Paulo : Maquinaria Sankto Editora e Distribuidora Ltda, 2024.
    224 p.
    Bibliografia
    ISBN 978-85-94484-42-0

1. Organização - Filosofia 2. Administração de empresas - Filosofia I. Título

24-2103   CDD 658.001

Índice Para Catálogo Sistemático:
1. Organização - Filosofia

Rua Pedro de Toledo, 129 – Sala 104
Vila Clementino – São Paulo – SP, CEP: 04039-030
www.mqnr.com.br

ANTIMANUAL FILOSÓFICO

PARA PESSOAS INQUIETAS COM DOGMAS ORGANIZACIONAIS

PAULO MONTEIRO

mqnr

SUMÁRIO

13 Agradecimentos

15 Introdução

21 Aristóteles e convidados

37 Os estoicos e convidados

59 Sócrates e convidados

75 Platão e convidados

91 Martin Buber e convidados

107 Heráclito, Lao-Tsé e convidados

127 Carl Jung e convidados

143 Friedrich Nietzsche e convidados

161 Martin Heidegger e convidados

175 Immanuel Kant e convidados

193 Baruch Espinosa e convidados

211 Bibliografia

O Paulo domina uma arte preciosa e, infelizmente, rara: combinar profundo conhecimento com habilidade de comunicação. O mal dos que sabem muito, como ele, é não se fazer compreender. Eu diria que o Paulo é um mestre comunicador, mas, especialmente, um tradutor de saberes. Seu novo livro é um chacoalhar nas certezas do universo corporativo.

Vinicius Dônola – Jornalista, âncora e colunista da Band News
FM; consultor e especialista em Comunicação Corporativa

O livro do meu querido amigo filósofo, consultor e professor Paulo Monteiro, oferece uma perspectiva única sobre o papel do afeto no contexto empresarial. Paulo explora como o cultivo de relações empáticas e genuínas entre líderes e colaboradores pode impulsionar a inovação, a produtividade e o bem-estar organizacional. Ele inspira os leitores a reavaliarem suas abordagens tradicionais e adotarem uma visão mais humana dos negócios. Este livro é uma leitura essencial para aqueles que buscam construir organizações resilientes e sustentáveis, fundamentadas em valores éticos e cuidado mútuo no trato com os colaboradores. Recomendo muito!

Marcus Vinicius – Medalhista olímpico; fundador/sócio da Play9

Neste livro, Paulo nos provoca, chega a perturbar e gera interessantes reflexões com base na história da humanidade e seus filósofos. Ele faz analogias relacionadas aos cenários organizacionais, sem perder de vista as emoções humanas – o que nos conecta à nossa essência e revela caráter único do ser humano –, apesar das novas possibilidades tecnológicas, ainda um tanto polêmicas, como a IA.

Anna Paula Resende – Diretora-executiva de Talentos e
Sustentabilidade para América do Sul da White Martins

Com uma curadoria vasta, especial e diversa, Paulo, como sempre, faz um trabalho extraordinário e robusto ao nos provocar à reflexão. Em um contexto que nos convida a repetir narrativas e soluções fáceis, o mais difícil e o mais efetivo é a construção consciente, coletiva, inclusiva e com propósito onde todas as pessoas possam evoluir e obter valor. Em tempos de muitas fórmulas vazias e desinformação, aproveitem este diálogo essencial de lucidez.

Patricia Coimbra – Vice-presidente de gente, gestão e *performance* e ESG da Cielo

Trazendo a filosofia para empresas, Paulo reflete sobre líderes e desafia paradigmas e estruturas de poder, os quais criaram organizações ricas em dinheiro e pobres em humanidade. Ele faz perguntas, gera reflexões e incômodos, une realidade à sua essência humanista-sonhadora, brinda-nos com este livro profundo e acessível, que escancara a urgência de sermos agentes de mudança.

Aline Carvalho – Diretora-executiva de gente e gestão da Norsul

Me deliciei com a leitura dessa bela obra de Paulo Monteiro! Importante obra para todos os profissionais – independente de sua área de atuação –, dado a abordagem de temas altamente relevantes a todas as organizações. A partir de conteúdos filosóficos e científicos, Paulo nos mostra exemplos práticos e adequados sobre o papel da liderança e sua evolução, em especial para os momentos atuais, que tanto necessitam de uma gestão mais humanizada.

Marcelo Pereira – Presidente de operações LATAM da AngloGold Ashanti

Paulo Monteiro é um filósofo que atua como consultor corporativo, não é somente palestrante, como muitos por aí; ele trabalha com desenvolvimento de lideranças em grandes empresas, ou seja, tem *skin in the game*. Nesta obra, ele nos convida para uma viagem pela filosofia, criando uma ponte com o mundo dos negócios, o que somente é possível ser feito por alguém que ouviu e percebeu as angústias dos gestores. É fundamental para todos nós descobrir de onde vieram nossas ideias, o que ganhamos ou perdemos por causa delas, e esta obra é uma grande contribuição nessa jornada.

Frederico Porto – Médico psiquiatra, nutrólogo;
prof. convidado da Fundação Dom Cabral

Consultor e filósofo brilhante, Paulo Monteiro aqui nos coloca dentro da ágora, conversando com os grandes pensadores da História, gerando *insights* que propulsionam o leitor a reinventar sua vida e os ambientes em que atua. Em meio à explosão de doenças mentais que hoje aprisionam executivos em todos os níveis, Paulo mostra que, com a filosofia, tem a chave das celas e a utiliza para libertar os prisioneiros.

Christina Carvalho Pinto – Estrategista e produtora
de conteúdos transformadores

O livro é um passeio pelo pensamento dos maiores filósofos, com a proposta de repensar o sentido da jornada profissional para bem além de apenas um meio de ganhar a vida, trazendo também um olhar atento sobre as mudanças organizacionais atuais. Seja você um *workaholic* ou alguém em busca do propósito profissional, a reflexão aqui é para sair do automático e, com a ajuda da filosofia, entender como ser mais feliz e, assim, poder transformar a liderança, as relações e a vida corporativa.

Ana Flor – Jornalista

Por que você trabalha? Fazendo essa pergunta, nosso autor, Paulo, escreveu um livro! E essa provocação vem ancorada na filosofia, que traz perguntas simples (diferentes de "fácil!") que nos ajudam a pensar, rever, propor e agir, sem medo de ousar. Quando se fala em resgatar o humano na contemporaneidade, entram em cena também a arte e a filosofia, porque alcançam a razão, a emoção e a alma.

Não podemos nos apequenar diante desses desafios, por isso, a filosofia pode apontar caminhos e inspirar ações corajosas nesta missão, a partir de duas palavras mágicas: SE JOGA! E compartilha a experiência com o mundo, como o Paulo faz neste livro/jornada imperdível!

Wellington Nogueira – Ator, palhaço, empreendedor social, fundador dos Doutores da Alegria

Uma reflexão sobre como operamos no nosso ambiente de trabalho sob a luz de vários importantes filósofos. Paulo nos mostra que a filosofia é sempre atual e que certas ideias são atemporais. Conecta tudo isso com maestria e simplicidade. O livro é um convite a uma conversa sem fim e deliciosa com grandes pensadores, como Platão, Buber, Jung e muitos outros.

Clarissa Cunha – Diretora sênior de tributos da Procter & Gamble do Brasil

À minha professora de Português do quarto ano do fundamental, Ana Cristina, que me lapidou na escrita de redações e me estimulou a melhorar sempre o conteúdo do meu "caderno de criatividade" (ideia dela).

Ela me disse, um dia, que queria estar presente no lançamento do meu primeiro livro. Já lancei alguns, mas não pude convidá-la porque nunca mais soube dela. Perdemos o contato.

De alguma forma, ela está presente neste livro porque a inspiração de um verdadeiro mestre transcende o tempo e o espaço.

Minha gratidão ganha forma neste livro, que é também o legado dela.

AGRADECIMENTOS

Um livro como este é fruto de uma vida, e não de algumas horas.

Por isso é muito difícil agradecer cada pessoa que cruzou (fisicamente ou não) o meu caminho, e que acabou provocando esta obra.

Agradeço à minha família: pais, irmãos, avós, tios, primos, sobrinhos, por me amarem como eu sou, com meus momentos de afetividade, mas também com os de rebeldia.

Aos meus amigos, principalmente os que gostam dos diálogos mais profundos e inquietantes – os filósofos do cotidiano – por me instigarem e me fazerem pensar o que normalmente não pensaria.

A todos os filósofos que percorreram com devoção – ao longo de séculos – a difícil jornada da filosofia. Sem eles, este livro simplesmente não existiria.

Aos meus professores, especialmente os de filosofia que, ao longo de dois anos me provocaram, desafiaram, frustraram e, graças a tudo isso, me fizeram amar essa ciência que tornou-se uma forma de vida para mim.

Por fim, agradeço à Renata Sturm e a toda equipe da Maquinaria, que acreditou neste projeto com a impetuosidade típica de empreendedores que se lançam quando farejam uma boa ideia, mesmo sem ter todas as garantias do resultado final.

INTRODUÇÃO

A ideia deste livro tem sua origem há muitos anos: precisamente em 2003.

Eu morava em Santiago do Chile, onde trabalhava e cursava meu mestrado em Comunicação e Educação. Tinha concluído havia 1 ano o Bacharelado em Filosofia, nos Estados Unidos, depois de um período profissional inicial que incluiu o trabalho em comunicação e marketing seguido de uma etapa atuando no universo da educação.

Um dia, conversando com o diretor de uma escola onde passava parte da minha jornada laboral, demonstrei especial entusiasmo ao falar do meu recente estudo de filosofia e como percebia sua aplicabilidade em todos os campos da vida, inclusive no do trabalho e das organizações. Percebi que a conversa foi crescendo em motivação, porque ele também era um amante da filosofia e se maravilhava com as possibilidades de aplicá-la no dia a dia. Mais para o fim do nosso encontro, ele me deu um livro e disse "você precisa ler, é um presente".

O livro – em inglês – se chamava *If Aristotle Ran General Motors*, que podemos traduzir por "Se Aristóteles presidisse a General Motors", do professor de filosofia Tom Morris, da Universidade Notre Dame.

Me lembro como fiquei animado com aquela ideia de um professor dando voz a um dos maiores mestres da filosofia para provocar e inspirar gestores e profissionais do universo empresarial. Devorei o livro em poucos dias e, ao concluir, tinha a convicção que queria ser mais um amante da filosofia disposto a levá-la ao mundo do trabalho e das organizações.

Mas – mesmo admirando a originalidade do professor Morris – é preciso dar os créditos ao primeiro que teve essa feliz ideia de unir a filosofia ao mundo cotidiano com seus muitos desafios. O gigante Platão fez isso em sua obra *A República*, onde propõe a sabedoria como condição para governar uma cidade. Nessa obra do grande mestre grego, uma cidade só pode experimentar a justiça se for liderada pelo *filósofo-rei*, o governante guiado pelo "amor à sabedoria". Essa liderança pela sabedoria possibilita aos habitantes da cidade viverem a jornada filosófica, libertando-se das sombras da aparência e do engano, para acessarem a luz da verdade e da virtude.

De volta ao meu país – quando comecei minha carreira de consultor organizacional – sempre busquei incluir nos meus trabalhos, quando possível, a profundidade da filosofia e seus mestres. Mas, além disso, não consegui me desvencilhar da ideia de escrever um livro – inspirado por Morris – que pudesse trazer importantes conteúdos da filosofia para aplicá-los ao mundo das empresas e da liderança.

Em 2006 eu estava em uma reunião de uma instituição da área de gestão de pessoas, preparando, com meus colegas voluntários, a temática do congresso estadual do ano seguinte. Como era costumeiro, incluí a filosofia em algumas ideias para a temática que começávamos a definir. A energia foi aumentando naquela reunião e aos poucos fomos convergindo para trazer a filosofia como pano de fundo para todo o congresso. Nascia, assim, o tema daquele congresso "De Platão a Peter Drucker: a sabedoria na gestão com pessoas".

Criamos um cenário físico que transportava as pessoas para o ambiente da Grécia Antiga e, por 3 dias, os participantes se deliciaram com palestras e atividades que ousaram juntar a filosofia com temas como "resultados", "produtividade", "excelência" etc. Intuitivamente resgatando o entusiasmo que o presente daquele diretor tinha provocado em mim, propus que convidássemos Tom Morris para abrir o congresso. Ele, infelizmente, não podia naquela data, mas sugeriu um colega seu – Jerry Walls, também professor de Notre Dame – que foi quem abriu o seminário com uma excelente conferência.

Meu propósito de desmistificar a filosofia e traduzi-la para os desafios contemporâneos do mundo do trabalho e das organizações só se reforçou depois daquela experiência tão exitosa! Até hoje escuto comentários de como aquele congresso foi um dos mais especiais da história da instituição.

Mas os anos se passaram e, devido a um ritmo de trabalho muito intenso que incluía viagens pelo Brasil e pelo exterior, não consegui concretizar a ideia de escrever aquele livro.

Em 2015, meu amigo Wanderlei Passarella me convidou para escrever um livro com ele, e em 2017 lançávamos *A Reinvenção da Empresa: Projeto Ômega*, um livro que buscou unir reflexões profundas – inspiradas por grandes pensadores – aos desafios empresariais. Posso dizer que parte da minha antiga ideia acontecia naquela obra, que, para nossa felicidade, foi muito bem recebida pelos universos empresarial e acadêmico.

Mas eu ainda tinha a pendência e o desejo de escrever um livro que tratasse especificamente da filosofia – a partir de alguns de seus principais expoentes – aplicando-a aos desafios organizacionais. Tal desejo surgiu da síntese da minha atuação profissional: um consultor – formador de lideranças e culturas, que estudava e amava a filosofia. Teoria e prática, reflexão e ação em uma intensa sinergia. E assim voltei a focar essa intenção, começando a escrever algumas ideias.

Um dia, em um café com Renata Sturm – fundadora e sócia da Editora Maquinaria – comentei a minha ideia que, imediatamente, foi recebida com entusiasmo e aprovação. Para ela não só se tratava de uma ótima ideia, mas de um tema pouco explorado no universo das empresas e da liderança. Pouquíssimos autores se aventuram – como Tom Morris – a fazer a ponte entre universos tão separados ao longo de décadas.

Materializava-se, assim, o projeto deste livro, uma obra que, depois de 20 anos de gestação, encontrou o melhor momento para nascer.

Após a formalização de que o projeto aconteceria, me deparei com a difícil missão de definir quais seriam os filósofos e pensadores "convidados" para este desafiador diálogo.

Decidi escolher aqueles que trouxeram temas relevantes que podem ser relacionados aos grandes desafios que as organizações e seus profissionais enfrentam atualmente. Não escolhi os "mais importantes", até porque seria muito subjetivo e injusto qualquer tipo de "corte" nessa linha. Meu critério foi a conexão entre parte das obras dos filósofos com as principais questões que rondam o universo organizacional contemporâneo.

Falo de "parte" das obras porque cada filósofo convidado produziu extensos volumes de pensamento e conhecimento. Seria quase impossível e não faria sentido – considerando o escopo deste livro – registrar a amplitude do que cada um produziu. Meu objetivo não é trazer um profundo estudo do que esses pensadores desenvolveram; este projeto tampouco pretende ser uma análise detalhada e esmiuçada dos conteúdos selecionados. Minha intenção aqui é pinçar uma pequena parte – um recorte – do que cada filósofo produziu, para inspirar comportamentos e práticas mais humanas no universo das organizações, sobretudo para quem não é especialista em filosofia.

Além do critério da relevância, busquei conteúdos que se comunicam em um "pano de fundo" comum, se é que posso usar esse ousado termo para pensamentos tão originais e diversos. É importante observar que os filósofos presentes nesse livro não convergiram em um pensamento único – aliás, quase não vemos isso na trajetória dos grandes pensadores –, mas mesmo sabendo que nesta seleção alguns filósofos discordam entre si (viva a diferença!), em todos eu vejo uma tentativa genuína de trazer sentido à existência humana. Eles buscam diferentes fontes ou caminhos, mas o desejo de trazer significado ao nosso existir parece ser um empenho comum entre estas grandes mentes.

Posso dizer então que há uma "linha editorial" neste livro. Não se trata de um debate entre filósofos, nem de um tratado sobre um pensamento único, mas de uma reflexão-provocação que escolheu pensadores e conteúdos que buscam um *porque* para a vida humana e planetária. Então não é um livro sobre "qualquer" ou "toda" filosofia. Não me inspira, por exemplo, o pensamento materialista que iguala o ser humano a uma máquina. Há, portanto, um critério na escolha dos pensadores e de qual tipo de conteúdo cada filósofo propôs. Me vejo como um profissional *humanista,* se considerarmos esse conceito como a saúde universal da humanidade, na melhor integração possível com a natureza e o planeta. Acredito que essa é a forma de buscar a perenidade de nossa espécie em harmonia com nosso entorno.

Para concretizar minha intenção, segui a inspiração do grande pensador Ailton Krenak que fala do *futuro ancestral* como a nossa capacidade de buscar, na ancestralidade e na sabedoria do que existiu e aconteceu *antes* de nós, as respostas para nossos desafios futuros. Recorri a uma sabedoria que atravessa séculos – independentemente de fronteiras geográficas e épocas históricas – tentando revelar-nos aspectos importantes sobre o mundo e nosso existir nele. Não precisamos pensar em ideias totalmente inéditas para dar conta de nossos principais desafios. Milhares de pensadores transpiraram em profundas reflexões e estudos que iluminaram aspectos fundamentais sobre nossa aventura nesse mundo. É bem possível seguir inovando, mudando, inventando novos caminhos, evoluindo, honrando as grandes ideias e inspirações que tantos filósofos nos deixaram ao longo dos séculos. Crescer, então, é *também* aproveitar o melhor do passado.

Esta é uma obra que quer provocar inquietações e deixar alguns *insights*. Não é um manual de como se comportar ou como liderar, ou uma receita de como as organizações devem configurar-se. Aliás, me considero um profissional antimanual, porque a vida é surpresa, é acontecimento, experiência, não uma rota pré-definida e amarrada por uma lista de instruções (apesar de tantos consultores, professores, autores, executivos etc., a tratarem dessa forma). Esta é uma obra que quer abrir algumas rotas de reflexão que nos ajudem a enfrentar nossos maiores desafios organizacionais, a partir de gigantes do pensamento que nos deixaram conteúdos riquíssimos.

Meu convite é que você se solte na leitura, buscando entrar em contato com o pensamento dos filósofos convidados de cada capítulo, dialogando com eles, aproveitando o que possa fazer sentido e propondo-se a aplicar os *insights* aos seus próprios desafios.

O mundo clama por sabedoria! Nos afogamos em informações e atrofiamos o verdadeiro conhecimento. Nos perdemos em um tempo que encurtou demais, em listas infindáveis de tarefas e metas que nunca acabam.

Estas páginas podem servir de oásis para você tomar um pouco de ar fresco – o ar da sabedoria – e, respirando melhor, possa distanciar-se da correria do dia a dia para saborear a riqueza que só a filosofia pode nos oferecer. Essa parada provoca naturalmente um *movimento filosófico*, que é o caminhar para uma vida mais consciente, plena e significativa. Te convido a vir comigo nessa aventura.

Boa jornada!

CAPÍTULO 1

ARISTÓTELES E CONVIDADOS

O propósito: uma escolha possível

Essa tal da felicidade...

Uma vez comecei um trabalho com um grupo de executivos com um diálogo meio atípico:

— Por que vocês trabalham? — perguntei.

— Para ganhar dinheiro — um deles me respondeu.

— Por que querem ganhar dinheiro?

— Para proporcionar uma vida boa para mim e para minha família — disse um outro.

— E o que é, para vocês, ter uma "vida boa"?

— Ter saúde, bens materiais, conforto.

— E o que conseguem com isso?

— Bem-estar, felicidade.

— Então saúde, bens materiais, conforto, e proporcionar isso à família podem ser considerados sinônimos de felicidade...

— Sim.

— Vocês têm esses elementos que mencionaram hoje?

Como a maioria respondeu que sim ou que estava "a caminho" de consegui-los, concluí:

— Então vocês são felizes...

Em um clima de curiosa atenção e alguns olhares atônitos, parte dos executivos respondeu, insegura, que sim. Já outra parte hesitou, e uma terceira simplesmente ficou em silêncio...

Não há dúvidas de que esse diálogo continha uma armadilha, já que o conceito de "felicidade" é muito difícil de ser definido (eu mesmo não ouso). Mas meu objetivo era inquietar, trazer a atenção deles para os motivos pelos quais trabalhavam e para o peso que davam ao seu trabalho.

Terminei nossa conversa inicial propondo que refletissem sobre o que era uma vida feliz para eles. Segui um dos grandes mestres, Sócrates, com a técnica da aporia: deixar em aberto uma questão para que sigamos investigando, destrinchando, por intermédio do pensamento crítico.

E quanto a você? Quais seriam suas respostas num diálogo como esse? Para que você trabalha? Para que você sai da cama todos os dias disposto a visitar clientes, ter infinitas reuniões, escrever relatórios, realizar vendas, produzir bens materiais, escrever conteúdos, dar aulas etc.? Pense agora por dois minutos e tente responder a essas questões. No caso dos executivos com quem conversei, o motivo parecia ser "para conquistar algo mais". A questão é que, quando fazemos qualquer coisa por "algo mais", aquilo que fazemos passa a ter um valor relativo ou, eu diria, um "subvalor". Deixa de ter um valor *per se*, em si mesmo, existe só para você conseguir outra coisa. Está mais para o *não ser* do que para o *ser*. O que você quer está fora do que você faz. Naquele caso, o trabalho, atividade na qual passam a maior parte do seu tempo, tinha a função de ponte para que alcançassem algo que queriam. Podemos afirmar que uma atividade como essa é valiosa?

O fim que não é um meio

Aristóteles (384-322 a.C.), um dos maiores filósofos da história, aprofundou-se neste imenso desafio humano que é a busca da felicidade.

Em uma de suas obras-primas (supostamente escrita para seu filho Nicômaco), *A ética a Nicômaco* (Livro I), argumenta que tudo existe para um fim, como a flecha existe para o alvo. Há atividades que são meios para outras, por exemplo: a selaria é um meio para a arte da equitação, que pode estar subordinada ao militarismo, que existe para a estratégia. Mas o filósofo intuiu que na existência humana deve haver um fim que não é meio para outro fim; do contrário, esse movimento acontecerá infinitamente. Ele chamou tal fim de *telos*, "o fim último". *Último* não no sentido de que vem ao final de uma sequência de eventos, mas no sentido de não ser meio ou recurso para outra coisa, tendo um valor absoluto, bastar-se a si mesmo, autoconter-se.

Para Aristóteles, o ser humano é um ser especial. Por ser dotado de intelecto (uma faculdade da alma que o filósofo equiparava ao que chamamos de consciência), é o ser que mais se aproxima do imaterial. Em nossa dimensão material – mais básica –, carregamos apetites e desejos físicos, mais finitos e fugazes, pensados e tratados pelo filósofo como inferiores em relação à outra dimensão, que é espiritual, imaterial, sem limitações de tempo e espaço.

Então o ser humano muitas vezes busca fins mais instrumentais e temporais – que são meios para outros fins –, como tomar remédio para curar uma dor, por exemplo, mas tem uma sede maior, que mira o *telos*, o fim que vai ao encontro das aspirações mais profundas da alma humana e a sacia.

> Se, pois, para as coisas que fazemos existe um fim que desejamos por ele mesmo e tudo o mais é desejado no

> interesse desse fim; e se é verdade que nem toda coisa desejamos com vistas em outra, porque, então, o processo se repetiria ao infinito, e inútil e vão seria o nosso desejar, evidentemente tal fim será o bem, ou antes, o sumo bem.
>
> **(Aristóteles, 2018, Livro I – 1094a20).**

Para Aristóteles, a felicidade humana – *eudaimonia* – é a fortuna de alcançar o *fim último*, o sumo bem, o *telos*, que só pode ser conquistado pela contemplação, a ação mais nobre e elevada do ser humano, viabilizada pelo intelecto. O indivíduo virtuoso, para ele, é aquele que, ao contemplar o bem supremo, é capaz de viver uma vida boa, denominada, em sua obra, de *sabedoria prática – phronesis* – pautada pela prudência e temperança. A filosofia, para ele, é a ciência ou a arte que permite essa jornada de sabedoria pautada pelo *telos*.

O argumento do nosso filósofo nos conecta imediatamente à experiência que narrei no início do capítulo. A grande questão é que, quando realizamos uma atividade para alcançar algo diferente, não nos engajamos plenamente, porque não vemos um valor intrínseco nela, sabemos que aquela momentânea ocupação é somente um canal para obter algo que, aí sim, pode valer a pena. Realizamos aquela tarefa menos engajados e comprometidos porque o que desejamos está em *outro lugar*. E quando não colocamos nossa melhor energia – nossa alma – em uma atividade, não nos sentimos realizados ou plenos.

Gosto do conceito de "plenitude" para tratar de felicidade. Plenitude é um estado que se alcança ao percebermos significado no que fazemos: nos engajamos em algo que faz sentido e, portanto, requer todo nosso esforço e envolvimento.

Vamos aprofundar um pouco mais a ideia de significado e de sentido.

De dentro para fora

Viktor Frankl (1905-1997), um psiquiatra que viveu a dura experiência de um campo de concentração nazista, conta em seu livro, *Em busca de sentido*, episódios degradantes em que os oficiais tratavam os presos como animais, abusando psicológica e fisicamente deles, levando-os ao limite do suportável. Em um momento dessa terrível jornada, Frankl teve um *insight* poderoso que salvaria sua vida: ele experimentou um espaço interno em seu ser, em sua alma, entendendo que se tratava de um núcleo impenetrável, inviolável, por mais que física e emocionalmente os oficiais o agredissem. Era como um santuário onde habitavam suas aspirações mais profundas, seus desejos e valores mais elevados e onde ele passou a encontrar um pouco de paz em meio a múltiplos tormentos.

Diante de tanto sofrimento, o médico recorreu a esse altar interior, acessando tudo o que mais amava: sua fé, sua família, seu trabalho, suas realizações. Começou a entrar em contato com essa dimensão por meio da imaginação. E graças a isso conseguiu resistir e sobreviver a um suplício que pouquíssimos conseguiriam, experimentando a improvável alegria de ser libertado pelos alemães. Frankl argumenta que temos uma *vontade de sentido*: o motor e o único veículo da verdadeira liberdade. Como foi possível que um homem totalmente preso do ponto de vista físico, oprimido emocional e psicologicamente, tenha conseguido alcançar uma liberdade que pouquíssimos de nós, seres livres e distantes de duras provas como aquela, conseguimos?

Não estamos presos em um campo de concentração, mas se observarmos com atenção veremos espessas grades que muitas vezes nos aprisionam, como dinheiro, fama, poder, desejo de aceitação e popularidade, bens materiais, corpo perfeito etc. Esse *homem virtuoso* – nos termos de Aristóteles – mostrou-nos que a liberdade mais sublime acontece *de dentro para fora*, é intrínseca, não depende de elementos externos, de condições do ambiente. É uma reflexão poderosa para o ser humano contemporâneo que colocou sua realização fora de si mesmo. Vivemos em tempos de exaltação da aprovação externa, o que é maximizado pela ação das mídias sociais. Estamos cada vez mais dependentes de quantos seguidores temos ou quantos *likes* nossas postagens recebem. Nossa felicidade parece depender como nunca de algo extrínseco, o oposto do que Aristóteles sugeriu para o indivíduo feliz.

Como destacou o filósofo, temos uma parte "inferior", material e limitada, temporal e ao mesmo tempo insaciável, e podemos viver só para ela: é uma escolha nossa. Mas, paradoxalmente, o que obtemos com essa escolha é inquietação, desejo insaciável, incompletude, a ânsia de perseguir o que está sempre faltando, nos escapando. Quanto mais buscamos a felicidade no que é extrínseco e fugaz, mais vazios ficamos, mais nos afastamos do que queremos, porque a sede por mais e melhores coisas fica maior, aumenta o buraco que desejamos preencher.

Frankl – um exemplo vivo da *phronesis* aristotélica – alerta-nos que a fonte está dentro de nós: só temos que acessá-la. Hoje há uma palavra, cada vez mais usada, que organiza e explicita essa fonte interna de significado e sentido: o propósito.

O propósito é o conteúdo do que faz sentido para nossa vida, o que faz nossos olhos brilharem, o que tem peso e valor para nós, o que nos trará realização e plenitude. O propósito é esse espaço de algo maior, que nos plenifica e satisfaz, não existe para nada mais. Nele, encontramos o repouso de sentir-nos realizados. É a explicitação do *telos*, o fim que vale por si mesmo. Ter um propósito é visualizar algo que fazemos pelo que significa, não para obter outra coisa. É o motor que nos faz agir, aprender, crescer, superar-nos.

E é reconfortante saber que estudos e pesquisas têm comprovado que o ser humano trabalha melhor e com mais qualidade quando age movido por motivações internas. Em sua obra *Motivação 3.0*, o palestrante e autor Daniel Pink menciona experimentos em ciências sociais que mostram que pessoas cujas necessidades materiais estão minimamente satisfeitas, realizam melhor certos tipos de tarefa (mais complexas) quando são movidas por aspectos intrínsecos, como maestria, autonomia e propósito. Essa descoberta tem um valor enorme para o mundo organizacional, que passou décadas seguindo o mantra: "recompensas externas levam a uma maior motivação". Os experimentos citados por Pink demonstram que, na grande maioria das vezes, essa premissa simplesmente não se aplica.

Um eixo central do meu propósito profissional é contribuir para o desenvolvimento e a evolução de indivíduos, equipes e culturas, despertando o melhor que já existe neles, para que alcancem resultados extraordinários. Busco realizar isso não para obter sucesso ou aprovação das pessoas para quem faço meu trabalho, mas pelo fato de que essa missão me realiza, me plenifica, me enche de satisfação e orgulho. Ter um propósito e buscar vivê-lo me parece um enorme passo para uma vida significativa e plena.

Por isso, começo cada processo de coaching executivo pedindo que o *coachee* (meu cliente) escreva sua história de vida como uma saga na qual ele é o protagonista que está realizando um propósito e deixando algum legado significativo. Essa narrativa ajuda-o a contemplar com outros olhos sua trajetória, resgatando sentido ao seu caminho profissional. E para chegar a esse sentido é importante que ele se pergunte por que faz algo, o que o move e para quê, para alcançar qual fim?

Qual o seu enredo? O que você busca com sua saga? Você é o protagonista de qual narrativa? O que quer realizar de significativo que possa transcender e deixar uma marca relevante e duradoura no mundo?

Quem disse que trabalho e significado não combinam?

Um dos projetos que mais me marcaram como consultor foi um programa amplo e intenso para todas as lideranças da América Latina de uma grande empresa de bens de consumo. Uma equipe formada por profissionais da área de Gestão de Pessoas e um grupo de consultores do qual eu fazia parte trabalharam para oferecer um espaço de reflexão para que cada líder pudesse elaborar seu propósito pessoal e profissional e, a partir disso, desenhar seu *Plano de Desenvolvimento Individual* (PDI). Nos workshops de imersão, eu buscava levar os participantes a um nível mais profundo de reflexão, convidando-os a sair da superfície em que costumavam transitar. Por exemplo, quando se apresentavam, eu pedia que não falassem de suas funções, cargos, tarefas técnicas, mas de suas paixões, seus sonhos e o que fazia brilhar seus olhos. Curiosamente, em várias ocasiões se formava um longo silêncio. Os participantes quase não paravam para pensar naqueles temas! Estavam exaurindo seus dias em tarefas pontuais, passageiras, para "cumprir tarefa". Na verdade, muitos deles viviam para algo que estava fora de seus seres e suas almas.

Houve ocasiões em que alguns participantes me abordaram na hora do intervalo para comentar que estavam meio perdidos ou que eu tinha "mexido com o chão onde pisavam". A grande maioria suou muito para chegar à elaboração de seu propósito. Mas ao fim do programa posso afirmar que o trabalho realizado por nossa equipe levou grande parte daquelas centenas de líderes a um outro patamar de lucidez sobre o porquê de seu trabalho – e, naturalmente, de suas vidas – e o que fazer para estar mais conectado com o significado de sua atividade profissional. Foi um projeto de extrema relevância e transcendência! E eu abria todos os workshops invocando o mestre Aristóteles e seu *telos*...

Ver muitos profissionais desconcertados e com tamanha dificuldade para conectar-se com seu propósito me fez refletir sobre o que leva esse tema a ser tão estranho nas organizações modernas.

Quando o importante pensador francês René Descartes (1596-1650) formulou a frase "penso, logo existo" (*cogito, ergo sum*) e estruturou sua ciência a partir do que poderia ser racionalizado, tangibilizado e medido, ele inibiu toda e qualquer dimensão imaterial do mundo conhecido. Razão, lógica e experimentação passaram a ser a totalidade do saber humano. Com o utilitarismo, positivismo e materialismo, se consolidou uma relação pragmática e instrumental com nosso trabalho. Aqueles "fins", que na verdade são meios, passaram a ser nossa meta: cargo, salário, prestígio etc., e as organizações se tornaram por muitos anos *desertos de sentido*, espaços ocos onde o que vemos é ganância, disputa, obsessão por resultados e pela ascensão hierárquica.

Por décadas, a ideia de pensar em um propósito foi dizimada das organizações. Falar de sentido no trabalho foi por muito tempo uma coisa estranha, "filosófica". Aliás, me incomoda muito a visão que muitos têm da filosofia como repositório de questões intangíveis, distantes e inúteis. Não há nada mais prático e concreto do que uma boa filosofia, e a prova disso é que grande parte das nossas ciências vem do pensamento e da produção de filósofos ao longo de séculos de história.

A população ocidental foi seduzida pela mentalidade do "vencedor", aquele que conquista tudo, de preferência ganhando de outros – o que faz dele "o melhor". Os Estados Unidos chegaram a institucionalizar a contraposição *"winners x loosers"*, que categoriza o ser humano em dois grupos: os superiores (vencedores) e os inferiores (perdedores). O profissional entra na empresa por competir contra os outros. Compete para ser promovido, reconhecido e melhor remunerado. O preço disso é que nos afastamos de nós mesmos nessa busca que nos joga para fora. Buscamos tudo para não ficar com nada. E o que geramos como cultura é o que o excelente pensador contemporâneo Byung-Chul Han chama de *sociedade do cansaço*, pautada pela obsessão por desempenho, um estilo de vida em que quanto mais se busca, mais se fatiga:

> A sociedade do desempenho é uma sociedade de autoexploração. O sujeito de desempenho explora a si

> mesmo até consumir-se completamente (*burnout*). Ele desenvolve nesse processo uma autoagressividade [...]. O projeto se mostra como um projetil, que o sujeito de desempenho direciona contra si mesmo.
>
> (Byung-Chul Han, 2017, p. 101).

Este ciclo vicioso é como um bumerangue que lançamos e que volta contra nós mesmos. Vejo em muitos dos meus *coachees* histórias de vida marcadas pelo esforço por mostrar aos demais que eles são bons, se esforçam e se superam, são capazes e inteligentes, numa trajetória onde o centro de gravidade sempre está fora da sua essência, uma busca constante para agradar os outros: o motor é extrínseco. Ao longo do processo de coaching, percebemos que uma das maiores dificuldades dessas pessoas é aceitar o erro, as limitações, o não saber, a vulnerabilidade. A obsessão pelo desempenho e pelos "resultados", paradoxalmente, está limitando o que elas mais buscam: seu autêntico poder.

Se muitos desses profissionais entendessem profundamente a espiral positiva do propósito, talvez não seriam tão vorazes por saciar-se com motivos externos. O contato com o propósito desencadeia um ciclo virtuoso: o indivíduo se sente pleno, motivado e, com isso, trabalha melhor. Afinal, o que faz passa a ser significativo e prazeroso e o realimenta à medida que acontece. Essa plenitude traz excelência no que faz, garantindo melhores resultados, o que o faz sentir-se ainda mais realizado. Por isso abri espaço para a reflexão a respeito de que compreender o propósito do profissional é o melhor investimento que uma organização pode fazer. E todos ganham.

Quando o *porquê* organizacional emerge e irradia

Tenho visto um número crescente de organizações que perceberam a força de se ter um propósito para o próprio negócio. Como mencionei, por décadas o que prevaleceu no universo organizacional foi uma mentalidade racional e utilitarista, centrada em processos e nos resultados financeiros. Mas algumas empresas mais inteligentes foram percebendo que não são uma engrenagem ou uma composição mecânica, mas organismos sociais e coletivos formados por pessoas, seres humanos, com suas motivações, aspirações e seus desejos. Dessa maneira, essas empresas entenderam que o que mais desejam – bons resultados ao longo do tempo, que impactem seu negócio, as pessoas e a sociedade – será alcançado precisamente a partir de pessoas motivadas, inspiradas, engajadas e realizadas.

Pense na Lego, por exemplo, uma empresa centenária que sempre teve o claro propósito de encantar o mundo das crianças por meio de peças que ativam sua capacidade de imaginar e criar. Recentemente, esse propósito se ampliou para os adultos, com eventos que os incluem para a montagem de cidades. Adultos e crianças sonhando e criando juntos. A empresa até criou uma nova unidade de negócios, a *Lego Serious Play*, que traz uma metodologia em que as peças do brinquedo são utilizadas em processos de aprendizagem em organizações, escolas etc. Com todo o avanço do mundo digital, mantiveram-se firmes ao seu propósito central, estimulando a experiência única de usar as mãos para criar mundos 3D, e ampliaram esse propósito quando decidiram, nos últimos anos, pesquisar e buscar materiais mais sustentáveis para produzir suas peças, contribuindo, assim, para um mundo melhor hoje e amanhã. O propósito dessa empresa não é, portanto, fabricar e vender peças que montam estruturas, essa é a dimensão material, o nível mais *básico* do negócio. Seu motor e razão de ser passam por dimensões mais elevadas, como sonho, criatividade, ludicidade, felicidade e sustentabilidade. Seu propósito engaja os colaboradores e clientes ao mesmo tempo que garante um negócio rentável, próspero e longevo: esta é uma equação que funciona.

A empresa de brownies, sorvetes e afins, Ben & Jerry's, cunhou um ditado: "Não contratamos pessoas para fazer brownies; fazemos brownies para contratar pessoas". Seus fundadores criaram a empresa com a firme convicção de que o êxito dos negócios e o bem comum caminham juntos. A empresa se consolidou com o propósito de ser uma rede de prosperidade que sempre buscou incluir todos os *stakeholders* (as partes envolvidas e relacionadas com negócio): clientes, fornecedores, colaboradores, lojistas etc. Isto fez brilhar – por anos – os olhos dos colaboradores da empresa, por trazer um sentido maior, fidelizando também os clientes e *stakeholders*, atraídos por um negócio que sempre buscou transcender os produtos.

Como a Ben & Jerry's, a empresa brasileira de roupas Reserva nasceu e cresceu a partir de uma vontade de criar e oferecer algo significativo para o mundo. Sua cultura cresceu robusta e pautada em valores claros que nortearam a estratégia e as decisões. Eles chegaram a uma frase central que explicita muito do que pensavam desde os primórdios da fundação: "Não somos uma empresa que vende roupas para pessoas, mas sim uma empresa de pessoas que vendem roupas".

O propósito motiva o profissional a trabalhar por algo que vale a pena porque transcende, tem impacto nas pessoas e na sociedade, aspira a um fim mais nobre e duradouro, ao mesmo tempo que traz prazer e satisfação. Se lembra do *telos*? É o mais intangível que traz sentido ao que fazemos, e o melhor é que, por estarmos equipados com essa dimensão, somos capazes de acessá-la. Aristóteles viu isso há 2.500 anos!

As empresas obcecadas em resultados pelos resultados muitas vezes acabam se afastando deles, vivendo um drama paradoxal. Já as que avançam na realização de seu propósito acabam gerando mais lucros porque é precisamente essa escolha significativa que traz mais engajamento, inovação e adaptabilidade.

O propósito organizacional estimula a potência da empresa, sua essência, aquilo pelo qual ela existe. Tive uma conversa recente com uma amiga que é referência em trabalho com marcas e pude ver o quão crucial é o propósito como santuário do verdadeiro poder de uma organização. Ela me contou sobre uma empresa que a contratou para reverter uma situação de estratégia de marca: uma de suas linhas de produtos vinha perdendo mercado para a principal concorrente. Ao ouvir os executivos da empresa, ela percebeu o quanto eles estavam obcecados pela concorrente. Só falavam nela, sua energia estava toda "no outro", fora deles. Deixaram de acessar a beleza e a força de própria marca, que tinha se caracterizado por anos como original e admirada. O diagnóstico estava feito. A perda de mercado não se devia a um fator externo, como a agressividade da concorrente, mas à desconexão da empresa e de seus líderes com o que eles tinham de melhor. A organização conectada com sua essência e o seu melhor se basta. Por estar ancorada em seu propósito, os conceitos de "competição" e "concorrente" passam a ser irrelevantes: sua preocupação e energia estão com o que ela mesma tem a oferecer – não há espaço para ficar olhando para o outro, que está fora de sua potência.

Essa obsessão por alguém que "não sou eu" acaba trazendo algumas armadilhas, como o fenômeno que os americanos batizaram de *purpose washing*, que significa "utilizar o apelo de causas e do propósito para fins marqueteiros ou pouco autênticos". Como muitas empresas percebem que hoje os negócios devem ter uma causa, logo buscam apropriar-se de valores e intenções que não são delas, mas que decidem declarar em suas comunicações com *stakeholders* apenas para melhorar a própria imagem ou mesmo para atrair investidores. O resultado disso acaba sendo diferente do que os "inventores de propósito" esperavam. Estamos na era da transparência: está mais difícil enganar o mundo por muito tempo. Se uma organização prega sustentabilidade, mas gera poluição, logo alguém a denunciará com um simples vídeo gravado de seu celular, e então a reputação da empresa sofrerá um grave revés. Não se brinca com propósito! Não é algo que colamos na testa para mostrar para o mundo; é algo que nasce de dentro, manifesta-se, expressa-se como movimento natural que *precisa* acontecer.

O fundador da Reserva, Rony Meisler, quando criou sua empresa, já tinha a clareza de que o propósito vem de uma voz interna, uma energia que vai pulsando naturalmente, materializando-se gradualmente em um negócio com identidade.

> Propósitos não são visões que temos em um *brainstorming* com nossos sócios. Assim como na vida, o propósito das empresas não nasce pronto – emerge do próprio negócio. Nasce da comichão que sentimos por seguir fazendo e aprendendo sem parar...
>
> E assim foi na Reserva. Por sete anos praticamos enlouquecidamente o que acreditávamos até que um dia [...] senti a necessidade de colocar no papel [...].
>
> (**Rony Meisler; Sergio Pugliese**, 2017, p. 188).

O propósito deve emergir da própria cultura organizacional; é o sentido que surge espontaneamente na coletividade. Muitos profissionais de mentalidade mais arcaica ainda acham que declarar um propósito no topo da hierarquia – de forma unilateral e mandatória, apenas porque fará bem para a imagem – é um caminho efetivo. Mas não é, porque isso se torna uma declaração oca, solta no ar, sem aderência, pouco crível pelo mercado e pelos próprios colaboradores. O preço da inautenticidade nos dias de hoje é alto!

Uma vez definido e cocriado por todos os colaboradores, o propósito organizacional deverá ser compatível e sinergético com o propósito de cada um. Se um profissional percebe que seu propósito individual não é compatível ou aderente ao propósito organizacional, Aristóteles o aconselharia a deixar a empresa, pois será improvável chegar à realização e à plenitude permanecendo ali. Seu trabalho carecerá de significado e sua atuação será superficial e mecânica, dificilmente alcançará a excelência, além de gerar frustração e pouco engajamento.

Voltando ao programa de liderança que mencionei páginas atrás, havia um momento em que os colaboradores dedicavam algumas horas a avaliar a aderência entre seu propósito individual e o da organização. Me marcou muito um encontro em que um dos participantes perguntou à gerente de Gestão de Pessoas se ela não temia perder profissionais que descobrissem uma incompatibilidade nesta relação. A resposta – corajosa – da gestora foi que ela preferia que esses profissionais deixassem a empresa a continuarem seu trabalho insatisfeitos e infelizes, mesmo que fossem talentosos e diferenciados. Todos sairiam perdendo.

Que interessante e ao mesmo tempo preocupante pensar em como as organizações se delinearam tão distantes do que a filosofia e muitas áreas de estudo revelaram ao longo de séculos sobre a natureza humana. Por outro lado, que motivante pensar que a necessidade de um propósito individual e coletivo vem surgindo na pauta das organizações, como um motor capaz de ampliar sua potência e perenidade.

Aristóteles que o diga.

CAPÍTULO 2
OS ESTOICOS E CONVIDADOS
A vida é agora: o poder do presente

O caminho se faz ao andar

Sempre recebi muitos estudos e artigos de como será o mundo em x anos. Na última década, sobretudo, só cresceu a febre de previsões do que acontecerá a médio e longo prazo em nossa trajetória humana. Os futurólogos-adivinhos-profetas-gurus nunca estiveram tanto na moda. São reverenciados por revelar-nos o que acontecerá lá para a frente, onde não temos capacidade de enxergar – nós, pobres míopes.

Li muitos desses materiais e fui guardando anotações no meu notebook. Com isso, buscava pensar, um tanto aflito, como me adaptar ou me adequar àquelas previsões assertivas: o que deveria fazer para entender o que seria o trabalho, as organizações, o consumo, a educação, o mundo em dez, vinte anos.

Em março de 2020, o mundo foi surpreendido por um inimigo microscópico, um vírus chamado covid-19 que aterrorizou a humanidade por mais de dois anos. Um pouco depois da pandemia estar estabelecida, retomei a leitura daqueles materiais premonitórios e percebi que mais de 70% de seu conteúdo ficara obsoleto em questão de semanas.

Como gostamos de prever e controlar o futuro! Mas o desejo de vários pensadores e cientistas, como Francis Bacon (1561-1626), que preconizou que a ciência controlaria o mundo, mostra-se cada vez mais distante da realidade, além de pretensioso. A história muda vertiginosamente a cada momento, escapa-nos das mãos, ri da nossa cara, provoca-nos com seus desvios, sua imprevisibilidade. O mundo de hoje não muda, ele *é* a mudança. E nós que queremos o controle da história através da previsão, projeção e profecia, ficamos com a falta de controle de um presente sempre mutante. Nada mais paradoxal!

Eu sempre gostei de mapear meu futuro para poder estar seguro de qual caminho seguir, mas entendi na prática que a verdadeira miopia acontece se não enxergamos o que está aqui e agora, na nossa frente. Me graduei em Comunicação Social e comecei a trabalhar com publicidade. Sonhava em ganhar prêmios publicitários como redator, mas logo no início da minha trajetória me desanimei com o que tinha escolhido. Quando pouco depois me vi diante da possibilidade de atuar em projetos educacionais em outros lugares, dei esse passo e passei alguns anos trabalhando e estudando fora do meu país – no México e depois nos Estados Unidos –, em uma realidade completamente diferente da que sonhava ao iniciar minha carreira.

Quando retornei ao Brasil decidido a levar minha experiência internacional de educador para o universo organizacional, percebi que minha ausência de anos do mercado de trabalho brasileiro era uma limitação para minhas novas aspirações profissionais. Resolvi, então, fazer um mestrado, que seria um reforço para meu currículo e me possibilitaria propor projetos mais robustos, além de dar aulas, que sempre desejei. Mas tive muita dificuldade em encontrar mestrados no Brasil – na área de comunicação e educação – com o viés prático que eu queria.

Então lá fui eu viajar de novo, dessa vez para Santiago do Chile. Foram dois anos morando, estudando e trabalhando naquele país, enquanto eu produzia um projeto acadêmico que meu orientador pediu que fosse aplicado em uma empresa real. Cheguei à Natura, empresa que sempre admirei, e que não sabia que operava no Chile. O projeto foi exitoso e voltei ao Brasil com vontade de aplicar, também nas empresas do meu país, aquela abordagem que eu havia desenhado. Consegui uma reunião com o fundador e presidente da Natura, Luiz Seabra, que era uma inspiração para mim. Conversamos por horas, num fluxo de inspiração alimentado por reflexões filosóficas, de Platão a Espinosa. Minha ideia era me aproximar da empresa, ou seja, era uma conversa de networking (de peso). Mas ao final ele me perguntou: "O que você tem para propor para nós?". Fiquei em silêncio, pois não esperava aquela pergunta naquele momento. Disse que precisava de um tempo, e ele assentiu. Depois de algumas semanas, tentei contato com outros executivos da Natura para dar continuidade à ideia, mas percebi que o momento havia passado – eu o desperdiçara.

Meses depois, me encontrava conversando com o gestor de uma consultoria em Desenvolvimento Organizacional, algo que nunca planejei, e em pouco tempo começava a atuar na área, como consultor dedicado à evolução de pessoas e organizações, profissão que exerço até hoje. Alguns anos mais tarde, estava facilitando – como consultor sênior – um programa de liderança para, veja só, a mesma Natura, chegando dessa vez por um caminho totalmente diferente e não planejado.

Em toda a minha trajetória, aprendi que é preciso ter visão e alguma estratégia para não se perder, mas fui entendendo que o grande desafio é aprender a ler a realidade que sempre quer se revelar diante de nós, para então agir e materializar a nossa história. Damos forma ao nosso existir agindo e lendo o que se manifesta, num ciclo contínuo entre o pensar e o atuar, que se desdobra em um constante presente.

A saga da humanidade vem nos ensinando que o único futuro relevante é aquele que se faz realidade a partir das nossas ações no presente. O mundo é criado e se desdobra dessa forma. Mas insistimos, como senhores do tempo, em tentar dominar o que ainda não aconteceu. Esse vício nos faz perder a melhor parte da nossa existência.

No momento em que escrevo essas linhas, penso em quanta riqueza existe neste exato instante: a tela branca do *agora*, que permite infinitas possibilidades, a fertilidade de inúmeros mundos que poderão surgir se desbravarmos este eterno presente. Mas, ao mesmo tempo, me inquieto pela dificuldade que é mergulhar nesse oceano riquíssimo do presente, o mistério pulsante de cada agora.

Tente contabilizar quanto tempo você se dedicou, só no dia de hoje, a viver o que estava fazendo em cada momento. E quanto tempo usou para pensar em coisas que você terá de viver no futuro ou que já viveu no passado?

Por que é tão desafiador aproveitar cada instante? Por que vivemos tão afastados do momento presente? Que benefícios buscamos ou obtemos ao viver uma vida instalada num tempo que não corresponde ao tempo real, o único espaço onde as coisas e as situações realmente acontecem? Como ficamos entalados na inércia de viver fora do que está se manifestando *de verdade*?

A filosofia pode nos iluminar, consolar e nos ajudar a ver com olhos mais apurados as profundezas dessa difícil questão. Então vamos à nossa busca.

Carpe Diem

Os estoicos – pensadores potentes cuja escola surgiu na Grécia clássica lá pelo século III a.C. – podem nos inspirar em nossa reflexão.

Sua linha de pensamento concebe o ser humano como parte de um todo maior e harmônico, o cosmos. Como Aristóteles, Platão e até os filósofos orientais, os estoicos olham para o ser humano como alguém que participa dessa ordem maior, formando com ela uma só existência. Esse mundo harmônico se desdobra em acontecimentos sucessivos, mutantes, que são experimentados e vivenciados pelo ser humano. É o divino – *Theion* – se desdobrando, *sendo*, numa mudança constante, num eterno presente.

Nesse sentido, o estoicismo vê a nostalgia e a esperança como grandes males. Olhamos para o passado e nos prendemos ao que já aconteceu e não voltará mais. Deixamos de ver e vivenciar o que está acontecendo agora porque ficamos presos ao que já foi. Ou nos deixamos sequestrar por uma imagem do que está por vir (e talvez nunca aconteça), como uma possibilidade futura que ainda não é. Esses dois vetores esvaziam a única realidade que temos, o *agora*, acarretando no que Sêneca sentenciou como "deixar de viver". Como refletia esse sábio pensador, ficamos entre o passado e o futuro *enquanto a vida passa*.

Por isso, o poeta romano Horácio (65 a.C – 8 a.C.) nos brindou um belo verso de rara inspiração:

> *Tu não questiones – é crime saber – o fim que para mim, que para ti*
>
> *os deuses terão dado, ó Leucônoe, nem mesmo consultes*
>
> *os números babilônicos. Quão melhor, o que quer que será, ser suportado!*
>
> *Quer Júpiter te haja concedido muitos invernos, quer seja o último*
>
> *o que agora quebra as tirrenas ondas contra as pedras,*
>
> *sejas sábia, diluas os vinhos e, por ser breve a vida,*
>
> *limites a longa esperança. Enquanto falamos, foge invejoso*
>
> *o tempo: aproveita o dia, minimamente crédula no amanhã.*

(Horácio, 2021, Odes 1.11)

Como Sêneca, o brilhante poeta destaca o drama do "tempo fujão", por isso conclama sua personagem a aproveitar o dia, com a famosíssima expressão em latim *carpe diem*, "minimamente crédula no amanhã". Há nesse poema uma sabedoria pragmática de viver o curso das coisas como elas são. Viver preso no futuro ou no passado é afastar-se da vida real, de como ela vai apresentando-se. Por isso o estoicismo nos estimula à reconciliação com a verdade do presente, para além do que esperamos ou do que nos arrependemos.

Recentemente, autores e estudiosos têm usado um conceito "vendendo-o" como novo: *mindfulness*, a arte de viver no presente. Os americanos e seus discípulos latino-americanos são bons em embrulhar conceitos e práticas milenares como se fossem a última novidade, a grande inovação, e sabem ganhar dinheiro com isso. Nesse caso, uma boa parte dos *royalties* do uso desse termo deveria ir para os estoicos.

Voltando à filosofia de qualidade, temos no filósofo francês contemporâneo André Comte-Sponville um reforço de peso ao estoicismo. Ele diferencia o tempo objetivo do subjetivo: enquanto o tempo objetivo é sempre presente, o subjetivo é o que ele chama de "temporalidade", a imaginação do indivíduo sobre um tempo que só existe em sua mente. "Se toda consciência desaparecesse do universo, não haveria mais que um presente sem memória e sem antecipação", diz (Comte-Sponville, 2006, p. 51).

O tempo para ele é uma constante sucessão de *agoras*, uma sucessão pura, sem memória nem projeto. A temporalidade nos leva ao *não ser*, pois o futuro ainda não é e o passado já foi. Só o presente tem "ser"; o presente é o *aí do ser*. O tempo é o prevalecer do ser sobre o nada, é o primado da insistência, do desejo sobre a angústia: "Não é o esforço para ser [...] mas o ser mesmo como força, não o ser em potência mas a potência do ser, a potência em ato, que também podemos chamar de energia" (Comte-Sponville, 2006, p. 93). Esse pensamento é muito rico. Podemos escolher entre a pulsão do que é, da vida que vai revelando-se, e a angústia do que não é, a não existência das imagens mentais sobre o futuro e o passado.

Pode parecer muito fácil pôr essa ideia em prática, mas não é. Se assim fosse, a maioria das pessoas conseguiria viver no presente, veríamos muitos testemunhos de vidas vibrantes e contagiantes. Só que isso não ocorre.

A pergunta necessária é: quando e por que perdemos a capacidade de viver a potência do presente?

Existo, logo penso

Não me parece existir uma reposta simples à pergunta que acabo de fazer. Mas há pistas de como nossa vida moderna foi se afastando do tempo objetivo para cair no redemoinho da temporalidade.

O já citado filósofo René Descartes mudou a história com seu *método científico*. A ciência avançou a passos gigantes a partir de sua teoria e não poderíamos pensar no mundo moderno, em toda a tecnologia e progresso que vimos nascer, sem a tese de Descartes. Onde está seu erro então?

O filósofo francês propôs uma abordagem apenas parcial sobre o ser humano no mundo. Destacou o poder da mente racional, mas a absolutizou. Ele priorizou o que chamou de *res cogitans* – a "coisa pensante" –, que, em sua proposta, regeria nossa vida, sendo capaz de controlar e dominar a *res extensa* – o mundo extenso e material. Não considerou que, *antes* de pensar existirmos, primeiro vem a existência, depois o pensamento. Esse é, na verdade, uma parte do existir, e nossa mente existe dentro de um contexto muito maior, junto a nossas emoções, sensações, intuições, junto ao poder e à inteligência do corpo, que estão íntima e visceralmente ligados ao nosso entorno, porque são partes inequívocas de tudo o que existe.

A ciência já demonstrou que há impulsos do corpo que ocorrem *antes* de pensarmos. O psicólogo Peter A. Levine vem estudando há anos o comportamento humano, mostrando que há uma ilusão do nosso ego em pretender controlar a existência. Na verdade, como ele mostra, é o nosso ser inteiro – que inclui tudo o que somos, muito além do pensar somente – que se aventura a viver. Então existimos pensando, mas também sentindo, experienciando, entrando em contato com tudo a nossa volta, integrados ao todo e à vida que se desdobra.

Teríamos então que inverter a frase de Descartes – como nos provoca Levine – para *sum ergo cogito*: existo, logo penso (Levine, 2012, p. 282). E esse existir acontece *agora*, neste exato momento, interagindo com o que o mundo nos apresenta.

O *cogito* de Descartes levou a modernidade à tendência de prender-se à mente racional como realidade absoluta e onipotente. O resultado disso é vivermos na temporalidade, acreditando numa dinâmica do ego com seu tempo psicológico que, no fundo, não existe.

E mais: o exagero de Descartes sobre a centralidade da racionalidade trouxe a promessa de que podemos controlar o mundo e a história medindo, planejando, antecipando, dividindo e construindo. Mas a existência vai além dos poderes da razão e da mensuração. Aliás, desde o início do universo o que vemos é a constante mudança de eventos, que continuamente demonstraram ser incontroláveis. A história sempre se revelou indomável. Esse foi exatamente o argumento dos estoicos, e o que Horácio revelou em seu lindo poema.

Uma vez, uma consultora amiga minha me perguntou se eu estava vivendo ou pensando sobre viver. Fiquei vários minutos em silêncio vasculhando em minha mente qual seria a resposta, que não veio fácil, e tive a certeza de que foi uma das perguntas mais reveladoras que alguém já me havia feito. Depois de um tempo, humildemente reconheci que estava pensando muito sobre a vida enquanto ela passava – o alerta de Sêneca que vimos antes. Desde então, tento viver o máximo possível no presente, o que tem se mostrado muito difícil. A inércia me leva para a temporalidade, mas a certeza de que a vida é o que acontece agora e o prazer de experimentar ocasionalmente essa verdade me fazem perseverar na minha busca.

A meta é acabar com a meta

Quais os efeitos de vivermos um "tempo inventado", essa temporalidade que só existe na nossa mente? Ao afastar-nos da vida que acontece agora, com todo o seu mistério, riqueza, dor e ambiguidade, habitamos outro universo, o mundo do *não ser*, e isso traz claros impactos para nosso existir individual e coletivo. Um exemplo é o transtorno de ansiedade, um dos distúrbios psicológicos que mais acometem a humanidade atualmente. E o Brasil, infelizmente, é o país com o maior número de casos do mundo: 19 milhões, de acordo com a Organização Mundial da Saúde (OMS).

A ansiedade pode dar-se de diversas maneiras e por diferentes motivos, mas a sua raiz está precisamente em não viver o presente. A mente voa para o amanhã, para o que ainda não aconteceu e talvez nunca aconteça, e surge uma angústia em relação ao que gostaríamos de controlar; controle este que, no fundo, sabemos ser impossível. É nesse sentido que o filósofo estoico Epicteto (50 d.C. – 135 d.C.) desenvolveu a ideia da *dicotomia do controle*: a capacidade de saber o que podemos e o que não podemos mudar. Concentrar-se naquilo que está ao nosso alcance, segundo o filósofo, é o melhor caminho para uma mente tranquila.

A ansiedade surge e cresce quando nossa atenção e energia se transferem para o *não ser*, uma realidade inexistente que nos amedronta e nos consome. Metas ambiciosas em todos os campos da nossa vida, o dinheiro que não sabemos se chegará, a possibilidade de uma doença, o amor que talvez não será correspondido, uma plêiade de desejos e expectativas que ocupam nosso ser e o exaurem.

No universo das organizações, essa epidemia de ansiedade crônica causa um dano alarmante. Primeiro, porque leva muitos profissionais e equipes a realizarem um trabalho incompleto, ineficiente e improdutivo. Segundo, porque esse distúrbio requer tratamento médico, o que é oneroso para as empresas. Trata-se de um custo que poderia ser evitado, mas é causado e alimentado pela própria dinâmica empresarial: ela causa a consequência que precisa evitar.

O *modus operandi* das organizações é baseado em crescimento ilimitado, resultados que sempre se renovam e devem ser ultrapassados (aprofundaremos nisso), com um senso de urgência desmensurado, competição acirrada etc. Toda a lógica empresarial é construída em função de realidades que são programadas para acontecer no futuro, com rapidez, ou que precisam ser corrigidas em função de um passado insatisfatório. Então a ironia é que são as próprias estruturas e bases organizacionais as principais causas de uma doença que representa um custo significativo para as empresas. Estamos diante do famoso "tiro no pé".

Como exemplo da gravidade desse tema, temos o crescimento assustador de casos do chamado *burnout*, definido pela OMS como "estresse crônico de trabalho que não foi administrado com sucesso". A cada ano, milhares de profissionais ao redor do mundo são acometidos por essa síndrome, em muitos casos chegando a níveis incapacitantes[1]. O sistema de pressão por metas, a obsessão por resultados e por velocidade, sem dúvida, são importantes causadores dessa terrível doença. Não é à toa que a mesma OMS recentemente a classificou como uma *doença do trabalho*, ou seja, uma síndrome causada pelo próprio ambiente e contexto profissionais.

Que pouco inteligente e paradoxal é concentrar esforços na cura de um mal cujas causas são criadas exatamente por quem gostaria de se ver

---

1. De acordo com dados da Associação Nacional de Medicina do Trabalho, cerca de 30% dos trabalhadores brasileiros sofrem com a síndrome de *burnout*.

livre do problema. Gastar milhões para tratar casos críticos de ansiedade e *burnout* em vez de criar ambientes que permitam a serenidade e a presença, beira a insanidade coletiva. Trata-se da infelicidade de buscar o paliativo para diminuir o mal em vez de arrancá-lo pela raiz, situação bem traduzida pela famosa expressão "enxugando gelo".

Esta mentalidade ficou bem representada em um anúncio recente que vi do produto Engov, pastilha que alivia excessos de bebida alcoólica no organismo. O slogan era: "Bonde da curtição Engov/ Vem pro Bonde". O anúncio-convite confirma e enaltece a curtição e o excesso, já que depois a pessoa conta com o efeito paliativo do produto, que diminuirá o mal causado no organismo. A lógica é: "vamos seguir exagerando, porque temos como anestesiar as consequências". O mal do século não é a ansiedade ou a depressão, como muitos médicos e cientistas apontam, mas as estruturas sociais e organizacionais sobre as quais construímos nossas vidas e profissões. Para mudar isso, o caminho é claro, mas talvez não desejado pelas instituições e grupos de poder: priorizar o presente, a serenidade, o equilíbrio, a fruição e o deleite com atividades prazerosas e significativas, que gerem o maior bem possível para indivíduos e coletividades. O *carpe diem* do bem e da saúde integral.

Utilizo uma música do Paulinho Moska em algumas atividades e momentos do meu trabalho.

O Alvo na certa não te espera

Eu falo de amor à vida, você de medo da morte
Eu falo da força do acaso, e você, de azar ou sorte
Eu ando num labirinto, e você, numa estrada em linha reta
Te chamo pra festa mas você só quer atingir sua meta
Sua meta é a seta no alvo
Mas o alvo na certa não te espera

(**Música de Paulinho Moska**: "A seta e o alvo").

O artista foi muito feliz ao convidar-nos, com seu belo poema, a viver a magia do caminho, o que ele chama de "festa". A vida é essa aventura com sabores e dissabores, gozos e dores, que vai acontecendo e nos moldando através de sua beleza e ludicidade. Mas, como refletimos quando apontamos o erro de Descartes, a tentação de controlar o mundo levou as organizações a uma obsessão pelos resultados, as famosas "metas".

A lógica organizacional transferiu quase todo o peso para o futuro, o que você pode e deve conquistar em algum momento lá na frente. A atenção é posta no que falta, é a mentalidade do "gap", do que *ainda não conquistamos* (de novo, o *não ser* aparecendo nas nossas práticas cotidianas). Essa energia no que *ainda não é* gera medo (de não atingir a meta) e ansiedade (a vontade de controlar o futuro; nesse caso, o cumprimento da meta). Tal fixação por resultados futuros, por vezes arbitrários e separados da realidade do momento, tira a potência do presente que tem as condições para evoluir, deixando um vazio que passa a ser o não alcance da meta. E, o pior, quando a meta é alcançada, já fica obsoleta: imediatamente, vem outra ocupar seu lugar, e a angústia da falta se pereniza.

A obsessão pelo futuro projetado em um número e uma realidade que nunca chega desconecta o profissional do seu ser (seu propósito, seus valores e talentos... enfim, sua essência), fixando-o num amanhã que assusta e assombra. A maioria dos profissionais de hoje cede à tentação da miragem de uma felicidade adiada. Mover-se por algo que está sempre adiante do nosso presente é viver em função de uma motivação extrínseca, que está fora de nós, não nasce da potência do nosso ser. E, resgatando o argumento de Aristóteles que vimos no capítulo 1, ao viver desejando um objeto que, alcançado, é substituído por outro objeto de desejo, afastamo-nos de uma vida plena e significativa. Mas a mentalidade que se perpetua há décadas é que é vital aumentar continuamente as metas e que essa é a forma das pessoas se motivarem. Me pergunto quem inventou esse argumento (provavelmente aqueles que mais se beneficiam com o atingimento das metas).

Esse eterno caminhar pela vereda da falta é o que leva as empresas e seus colaboradores a ter tanta dificuldade em celebrar. Estão sempre olhando para o que precisam fazer e simplesmente deixam de comemorar o que conquistaram. Vertigem: essa é a palavra que bem traduz essa patologia. Acontece que somos seres de rituais! Ao longo da trajetória da nossa espécie sempre os praticamos. Mas perdemos essa prática na vida moderna alucinante que vivemos, onde nossos olhos estão dirigidos sempre ao próximo passo a ser dado. Ao alvo que nos expulsou da festa.

A celebração exalta a vida, o *ser*, o que está *agora* em nossas mãos, e as conquistas são o ápice e a beleza do existir que está gerando algo bom e significativo. Mas a crença atual, limitante e profunda, é que celebrar pode nos fazer perder tempo ou mesmo levar-nos a uma complacência, um estado de comodidade e contentamento em relação ao que foi conquistado. E tal estado, por sua vez, poderia causar-nos uma certa estagnação. Só que isso não é verdade. Se soubermos viver o melhor da celebração, ela se tornará motivação para seguirmos caminhando e evoluindo. O grande desafio então está em passar do *porvir* ao *devir*: o gozo de trilhar o caminho encontrando sentido e evoluindo com ele.

Viver a dádiva do caminho no contínuo presente leva-nos a experimentar o que podemos nomear como êxtase, ou seja, momentos de intensa sintonia com o que fazemos e o que nos circunda. O psicólogo Mihaly Csikszentmihalyi desenvolveu uma tese empírica que denominou *Flow* (fluxo) – nome de seu principal livro –, um conceito felizmente bem divulgado em alguns círculos empresariais do Brasil. O estado de fluxo consiste em uma fruição, uma experiência de plenitude e integração com o espaço e o tempo, alcançada quando executamos uma ação com foco e atenção no presente, atuando com habilidade e senso de propósito. Quem experimenta um momento de *flow* vivencia o elixir da experiência do presente, e quando isso ocorre há uma percepção de que o tempo para, mas, na realidade, estamos falando de um "pulo na eternidade" (o *kairós*, o tempo eterno e significativo dos gregos), uma magia que só cada instante pode oferecer.

O grande filósofo Friedrich Nietzsche (1844-1900) – falarei mais dele em outro capítulo – usou um conceito que se aplica muito ao estado de *flow*: o "eterno retorno", uma experiência de plenitude do ser, em total integração com o presente, que desperta nossa energia essencial e nos traz vigor, êxtase, realização e um senso de completude com tudo o que existe. O filósofo alemão ilustrou essa experiência como um viver com a "leveza do dançarino", imagem perfeita de um fruir de movimento em total sintonia com o tempo e o espaço.

Artistas, atletas e profissionais das mais diversas áreas já testemunharam terem vivido a experiência de *flow*. Eu mesmo vivi alguns momentos assim na minha vida. Me lembro de um dia em que estava escrevendo o capítulo de abertura do meu primeiro livro. Já havia estruturado as principais ideias e a lógica entre elas e, quando comecei a escrever no meu notebook, as ideias começaram a surgir e fluir num *continuum* natural, sem que eu conseguisse parar de tocar as teclas do computador. Era como se o livro estivesse "me escrevendo", parecia que eu não era sujeito naquela hora, mas objeto de algo maior, que tinha que acontecer e por isso fluía. Quando terminei a primeira versão, olhei para o relógio na parede. Eram sete da noite. Eu tinha sentado na frente do computador às duas da tarde. O tempo havia parado de existir. E eu tinha vivido um momento mágico.

Experimentei algo parecido em outras ocasiões: dando aulas, facilitando workshops, proferindo palestras ou mesmo nadando no mar ou praticando *chi kung*. Em várias dessas atividades, já me vi transportado para um outro tempo, não cronológico, por estar plenamente envolvido com algo que amo e que faz sentido para mim. E também já presenciei alguns dos meus clientes, colegas e amigos em estados de fruição. Mas, infelizmente, não é tão comum vivermos esse estado, sobretudo no âmbito profissional. Isso porque somos sequestrados pela mente e seu tempo psicológico, que nos leva a um universo fictício, distante de onde está a energia do ser, a vida e sua magia. Se não vivêssemos tão acorrentados pela temporalidade, com certeza experimentaríamos muito mais momentos de *flow* em nossa existência.

O que fazer então com a fixação pelas metas, tão arraigada no universo organizacional atual, que nos exclui da fruição do agora? É uma pergunta difícil de responder e não acho que existam soluções fáceis para superar esta armadilha. Minha reflexão, baseada em teoria e prática, aponta para uma desconstrução da importância da meta na dinâmica profissional. Reconheço sua utilidade em termos objetivos: queremos melhorar em ações concretas e buscamos referências de conquistas e resultados. Mas é importante tirar o peso do que projetamos e inverter a ordem dessa dinâmica.

Tirar o peso significa ter alguns marcos de objetivos, em um nível mais estratégico. Por exemplo, projetando a penetração em um mercado no exterior, em dois anos. Mas isso deve surgir como uma consequência natural de um caminho que já vem sendo trilhado, e não como uma entidade definida *a priori*, muitas vezes por pessoas externas ao dia a dia do caminho que se trilha.

E aí surge o porquê da expressão "inverter a ordem" que utilizei acima. As metas que são definidas pelo nível hierárquico "do topo" (considerando que muitas estruturas organizacionais ainda são piramidais) carecem de força e sentido, porque quem está trilhando o caminho da operação, na maioria das vezes, conhece melhor a realidade, suas motivações e o que pode alcançar.

Mas, como já refletimos, estamos presos numa mentalidade de controle, e quem o exerce é quem tem mais poder formal na empresa. Por isso é tão difícil encontrar ambientes pulsantes e criativos. As metas estão matando a motivação e a criatividade dos profissionais, além de gerarem ambientes cínicos e teatrais. Perdi a conta das vezes que vi ou soube de colaboradores que maquiaram ou manipularam as metas para conseguir seu bônus correspondente. Isto é gravíssimo, porque leva muitos deles (inclusive quem quer controlar a realidade da empresa) a olhar para uma realidade que não existe. Que potente é a força do caminho e dos caminhantes! Só eles sabem onde querem e podem chegar, e o destino surgirá naturalmente a partir do caminhar, sem precisarmos excluir um norte macro que aponte a direção.

Em casos mais radicais, há os que já aboliram as metas. Frederic Laloux cita, em seu excelente livro *Reinventando as organizações*, o caso do CEO da empresa Sun Hydraulics, que ignora a definição de metas e orçamentos para as diferentes unidades de sua organização. O executivo argumenta que a definição prévia de metas de longo prazo é inútil, dado que seus colaboradores estão dando o melhor que podem, "fazendo as coisas certas a cada dia", e seus resultados costumam ser muito bons exatamente por isso. Trabalham com mínimas previsões e alto índice de engajamento e excelência. Até porque, pondera o executivo, "tem tanta coisa fora do controle [...] é impossível prever o que é imprevisível" (Laloux, 2017, p. 212-213).

Experimentar o que emerge: esse é o plano

E o planejamento? A organização cartesiana vive a obsessão pelos planos, que são vistos como a grande garantia de que as metas serão alcançadas. Mas a realidade se manifesta muitas vezes de outra maneira. Cansei de ver empresas parrudas contratando grandes consultorias para terem um diagnóstico de sua situação. Nestes casos, extensos relatórios são produzidos, com minuciosidade de análise, terminando com listas enormes de sugestões de ações. O problema é que, com frequência, esse material detalhado não vem do *sistema*, do que eu gosto de chamar de "campo", onde a vida realmente acontece, o desdobrar do eterno presente, com todas as suas nuances, seus paradoxos etc.

Planos são importantes, mas devem ser alimentados e concebidos pelo próprio sistema, a partir de onde ele se encontra. Quando atores externos são os autores de uma abstração, uma intenção genérica, cria-se um abismo entre o que é definido como realidade idealizada e a realidade de fato. É por isso que a maioria dos planos termina estagnada em lindas apresentações de PowerPoint. Presenciei várias vezes o planejamento estratégico sendo desenhado unilateralmente pelo comitê executivo, no topo da pirâmide, em alinhamento com o conselho da empresa, para depois ser "cascateado" (infeliz expressão) para baixo na hierarquia, revelando-se inviável ou incompreensível por quem está na linha de frente, onde as coisas realmente acontecem.

Sempre será atual a sábia frase atribuída a John Lennon: "A vida é aquilo que acontece enquanto fazemos outros planos". A abstração que ganha tamanha importância acaba se afastando da visceralidade e relevância do presente. Por isso olho para os planos com outras lentes. Vejo a importância fundamental de serem concebidos de forma autoral pelos colaboradores da empresa em todos os níveis, não como previsões inequívocas cheias de setas e caixinhas, exaustivas, como se fosse possível prever os detalhes de um caminho. Os planos só são viáveis e úteis quando são marcos estratégicos, pontos de referência, imediatamente trazidos para a realidade atual em uma sequência contínua de ação-reflexão. É o que autores, consultores e profissionais chamam de "iteração": o ciclo constante de pensamento-aplicação-avaliação-ajuste. Trata-se de um "plano em ação", fenomenológico, não abstrato e, portanto, funcional.

E quanto ao desejo de mapear o futuro – a provocação inicial deste capítulo – , não seria mais sábio e efetivo trazer o futuro para o presente, aquele como consequência deste? É o que a equipe de planejamento estratégico da Shell entendeu (há muitos anos, na década de 1970) e nomeou de "cenários generativos", uma metodologia que mapeia possíveis situações futuras – conectadas ao que está acontecendo *agora* – e define a melhor possibilidade, a que querem transformar em realidade. Ou seja, viajam para o futuro levantando tendências e hipóteses – em um *continuum* com o estado atual – para então definirem quais delas querem provocar e materializar, em vez de conceberem futuros deterministas, que acontecerão *de qualquer maneira*, condenando os indivíduos e a organização a simplesmente adequarem-se a uma realidade irreversível.[2]

O excelente consultor, facilitador e autor Adam Kahane, que participou da equipe original de estratégia da Shell, vem realizando trabalhos nessa linha, coordenando reuniões complexas para transformar a realidade de países, cidades e sociedades. Assim fez quando, junto a vários colegas, facilitou diversas reuniões com alguns protagonistas da África do Sul para deliberarem juntos como provocar e realizar uma transição para o que seria um país "pós-apartheid". Depois de muitos dias de diálogos e intensas trocas, o grupo chegou a 4 cenários e decidindo qual deles queriam provocar: o *Voo do Flamingo* era o futuro desejado, onde a transição seria equilibrada com toda sociedade progredindo lentamente, mas em conjunto. Ao trazer esse futuro desejado para o presente, as diferentes lideranças da África do Sul começaram a trabalhar conjuntamente no agora para reconstruir seu país sobre as bases da igualdade e da democracia, o que ocorreu nos anos seguintes não sem dificuldades e reveses, mas com o triunfo de ter deixado para trás um dos mais nefastos sistemas de segregação do mundo[3].

O desafio, portanto, é submeter o futuro ao presente, e não o contrário, já que as bases para o amanhã estão contidas no hoje. É ação atual

---

2. Cfr. SENGE, Peter. *A Quinta Disciplina*. Rio de Janeiro: Best Seller, 2008. p. 205-208.

3. Cfr. KAHANE, Adam. *Como Resolver Problemas Complexos*. São Paulo: Senac, 2008. p. 48-56.

que mudará a "realidade ideal" (que na verdade não existe). Um colega de Kahane, o também consultor e autor Joseph Jaworski, tem uma frase que sintetiza muito bem esta abordagem: "Se os indivíduos e organizações operarem a partir de uma orientação generativa, de possibilidades em vez de resignação, podemos criar o futuro no qual estamos vivendo, o oposto de simplesmente reagir quando chegamos lá" (Jaworski, 2000, p. 216).

O passado também é cultuado por inúmeras empresas. Isto acontece, por exemplo, por meio do chamado *benchmark*, o estudo comparativo que traz exemplos de realizações exitosas de outras organizações, e que muitas vezes leva a uma imitação dos casos estudados, sem análises ou considerações mais profundas. Estratégias, produtos, processos etc. são literalmente copiados porque deram certo em outras empresas. Mas o que uma organização tem de mais rico, senão a sua própria história, seus valores, sua cultura, suas pessoas?

A comparação nos impede de valorizar o melhor que *nós* temos. É uma condenação à inautenticidade e à superficialidade. O olhar está no que funcionou, no passado, para outros, quando o desafio para qualquer empresa está no que ela é, diante dos desafios que se apresentam agora à sua frente. Os famosos "estudos de caso", que escolas de negócio como Harvard cristalizaram como um método de aprendizagem de excelência, fazem mais sentido como um ponto de partida para análises e ações de situações presentes e reais. Analisar qualquer situação do passado – inclusive projetos e ações que aconteceram na própria empresa – só é útil se existe a opção de agir imediatamente em relação a uma situação presente ou como aprendizado que enriquece um caminho vivido na prática por todos os agentes. Porque qualquer realidade é diferente daquela que já passou.

Um dos principais desafios da organização contemporânea é, portanto, resgatar a dimensão fenomenológica: a capacidade de vivenciar experiências na medida em que elas se desdobram e acontecem.

Essa abordagem é a única capaz de superar o enorme abismo que criamos entre a análise racional ou projeção mental e a realidade como se manifesta na nossa frente. Ainda mais em um mundo que muda em espaços de tempo cada vez mais curtos. Quem continuar obcecado por planos abstratos e futuros deterministas certamente ficará atrás da história, em vez de *fazer história*.

A presença do silêncio

Por fim, inspirado pelos filósofos convidados para este capítulo, termino esta reflexão com uma sugestão para que consigamos formar ambientes de presença que evocam a força do agora: ter coragem para criar espaços de *silêncio*.

O silêncio é o canal mais direto para o mundo como ele é, porque cala a tagarelice mental e analítica que muitas vezes nos afasta da realidade. O silêncio nos escancara para o presente. Algumas vezes me aventuro a fazer silêncio no meio de uma facilitação grupal ou mesmo durante uma aula. Sempre que o faço as pessoas se sentem extremamente desconfortáveis, e um dos motivos é que não sabem o que pensar ou fazer ao experimentar a crua simplicidade da presença: observar a realidade como ela é em toda sua riqueza. É o que reflete Erling Kagge em seu belo livro *Silêncio na era do ruído*:

> O silêncio deve falar, e você deve falar com ele para aproveitar o potencial que ali existe. Talvez porque o silêncio traga consigo o deslumbramento, mas também porque traz uma certa majestade em si, como um mar ou uma infinita planície nevada. E quem não se deslumbra com essa majestade tem medo. Na verdade, é por isso que

muitos têm medo do silêncio. [...] Um medo que faz com que eu me afaste da minha própria vida.

(**Kagge**, 2017, p. 19).

Provocar o silêncio em ambientes organizacionais requer convicção, vontade e um pouco de criatividade para que se possa ir enriquecendo a cultura com seu *modus operandi*. Uma vez estava em uma reunião com uma amiga na empresa que ela dirigia, quando de repente ela me disse: "Paulo, agora faremos um minuto de silêncio". Uma suave música apareceu como um sinal de que aquele era um momento de pausa, e ali ficamos por alguns minutos em silêncio, observando tudo o que estava presente, inclusive nossos pensamentos, nossos sentimentos e a energia que se manifestava.

Vale a pena atravessar o portal da presença precisamente porque ele é, por excelência, o caminho que nos leva à *beleza* da vida que todos os dias se manifesta diante de nós.

E os estoicos sabiam bem disso.

CAPÍTULO 3

SÓCRATES E CONVIDADOS

A sabedoria da ignorância: o outro lado da liderança

Muitas respostas, poucas soluções

Fomos educados e preparados para as certezas. Desde pequenos fazemos provas de múltipla escolha, buscamos a "resposta certa", acumulamos conhecimento e informação. Entupimos nossa memória de dados, argumentos, acontecimentos do passado, para poder alcançar o status de indivíduos "capazes". Estamos cercados de livros que nos apresentam soluções, o caminho, o manual para sermos efetivos e resolvermos todos os nossos problemas. Muitos deles conseguimos encarar, mas também nos encontramos paralisados diante de outros tantos. Os desafios, dilemas e obstáculos aparecem a cada dia, questionando a efetividade de todo o nosso conhecimento, de todas as nossas certezas.

Olhemos em perspectiva por um momento.

Nunca avançamos tanto em conhecimento, tecnologia, informação, conectividade etc., mas nunca estivemos diante de desafios tão assustadores.

Um destes grandes desafios é a difícil situação em que nos encontramos diante do aquecimento global e das mudanças climáticas. Estamos assistindo a eventos naturais devastadores, e há à nossa frente um futuro crítico, em que os oceanos se elevarão a níveis insustentáveis e a deterioração dos ambientes que habitamos será irreversível. Choramos ao imaginar um planeta que derrete e afunda porque países e corporações se negam a assinar tratados assertivos em favor do meio ambiente, recusando-se a limitar sua capacidade de produção e a emissão de gases poluentes. Quando olhamos para as empresas, vemos casos preocupantes e frustrantes. Muitas colaboram para a deterioração dos ecossistemas porque colocam o lucro em primeiro lugar, apesar de se autodenominarem sustentáveis. Assistimos paralisados a nossos ecossistemas serem destruídos e vemos o planeta clamar por ajuda, mas o *Homo sapiens* é quem mais corre o risco de extermínio.

Esse é só um exemplo, uma amostra, de um enorme desafio deste mundo onde sobra conhecimento, ciência, recursos tecnológicos e financeiros. Podemos mencionar outros desafios, como a imensa desigualdade social, as guerras, a corrupção generalizada e sistêmica, o crescimento das doenças psíquicas. Tem algo então que não deu certo na equação que iguala certezas cognitivas e recursos técnicos a bem-estar e prosperidade. Nossas respostas não trouxeram a serenidade de quem está no caminho certo.

Onde erramos?

Lições de um sábio andarilho ignorante

O templo de Delfos era um lugar sagrado aonde os gregos antigos se dirigiam para elevar-se ou para buscar respostas às suas questões mais filosóficas e espirituais. Uma vez (por volta de 435 a.C.) perguntaram à sacerdotisa do templo quem era a pessoa mais sábia de Atenas. A resposta veio rapidamente: Sócrates.

Sócrates era um andarilho meio esquisito que passava o tempo entre as ruas, as praças e as casas de Atenas, provocando as pessoas sobre temas como amor, verdade, virtude e conhecimento. Sua fama já começava a se espalhar, e ele colecionava desafetos. Ao saber da resposta da sacerdotisa, Sócrates ficou surpreso e até um pouco confuso. Por que o oráculo o citara como o mais sábio entre os atenienses? Ele não se sentia um grande conhecedor de nada! Decidiu ir a campo fazer o que hoje chamamos de uma "pesquisa qualitativa", buscando os atenienses que considerava sábios para tentar captar e absorver um pouco do conhecimento e da sabedoria deles. Mas, ao final de sua experiência, o mestre se deu conta de que o conhecimento de seus interlocutores era muito limitado, incompleto. E o irônico (ou trágico) da história foi constatar que eles se achavam muito sábios, se achavam "os caras".

Sócrates chegou então a uma surpreendente e paradoxal conclusão: o oráculo de Delfos apontara-o como o homem mais sábio de Atenas porque ele era muito consciente de que *não sabia de nada*. É isso mesmo! A sabedoria do filósofo vinha de sua consciência de nada saber. Ele passou sua vida andando e provocando, fazendo perguntas, levando as pessoas e grupos a buscarem seus próprios caminhos, porque sabia que não há soluções unívocas e simples para um mundo complexo.

Ele não via o conhecimento como algo dado ou definido *a priori*, pronto para ser dissecado e afirmado por mestres. A sabedoria só pode surgir como uma busca em si mesma, como experiência individual e coletiva de investigação sobre uma realidade que transcende a mente de cada um ou seu acervo de conhecimento adquirido. Talvez por isso nosso sábio nunca tenha escrito nada, porque pensava que palavras escritas materializam, de uma forma mais limitada e parcial, o saber que é amplo, inesgotável.

Essa abordagem de Sócrates é escandalosa para um mundo que passou pela revolução científica. René Descartes, Francis Bacon, Johannes Kepler, Isaac Newton – que viveram entre os séculos XVI e XVII – e tantos outros grandes pensadores e cientistas imprimiram sua marca na história defendendo que o mundo podia ser apropriado e controlado pela ciência, pelo conhecimento técnico, pela observação e mensuração detalhada de suas partes. Fomos convencidos de que saber é absorver o conteúdo técnico de qualquer realidade, obter o maior número de respostas e definições, e assim construímos o nosso mundo, com tecnologias e soluções inequívocas.

Nessa construção, consolidamos a ideia de que os indivíduos com uma elevada quantidade de conhecimento e respostas devem ser denominados "líderes", pessoas a quem devemos respeito e a quem, obedientemente, devemos seguir e submeter-nos. Muitos de nossos chamados "líderes" conquistaram tal título por serem especialistas, proprietários das soluções.

Com todo esse saber científico e com o culto aos nossos "guias", aceleramos o tempo e a história, inventamos a agricultura, a escrita, a engenharia, construímos milhares de máquinas e, dando saltos exponenciais, chegamos ao presente, à era chamada 4.0: o tempo do digital, do algoritmo, da inteligência artificial, do *big data*. Mas, paradoxalmente, mesmo com nossos robôs (agora, pensantes), nossa velocidade de centenas de megabites e nossos carros autônomos e voadores, não escapamos dos grandes problemas e questionamentos da humanidade. Ao contrário, eles parecem se multiplicar em uma teia de complexidade cada vez maior.

Como questionei no início do capítulo, há uma relação paradoxal entre conhecimento técnico e científico e a capacidade humana de resolver seus problemas mais complexos. A tecnologia, por si só, parece não dar conta de alguns dos principais desafios humanos. O *Homo sapiens* voou para a Lua e chegou a Marte com seus artefatos, mas parece não ter alcançado a paz ou o nível de felicidade que a ciência, a técnica, o dinheiro e o poder prometeram através de seus principais defensores, daqueles que chamamos de "líderes". As respostas não trouxeram *a resposta*. Estamos diante de problemas complexos e não sabemos qual "guru" ou "líder" irá nos salvar. Buscamos heróis, profetas, chamamos políticos de "mitos", idolatramos atores, cantores, jogadores de futebol, escritores *best-sellers*, *influencers*, e ainda nos vemos desamparados.

Ao fazer essa reflexão, imediatamente voltamo-nos ao filósofo convidado deste capítulo para reconhecer, com admiração, sua contribuição visionária para a trajetória humana. Como Sócrates – que viveu há 2.500 anos – ainda é contemporâneo, atual, inovador! Precisamos do seu *anti-heroísmo*, sua sábia humildade, seu realismo e austeridade, seu minimalismo, para trilhar nossos caminhos inéditos. É precisamente essa pequenez socrática que nos fará gigantes, porque só reconhecendo que não possuímos as respostas ou um saber determinado e fixo conseguiremos ir ao encontro da realidade que nos transcende, nos escapa, e se esconde como mistério a ser desvendado. Sócrates nos convida a uma saudável resignação de que nossa natureza está pautada pelo *não saber*. Uma resignação que certamente não é paralisante! Pelo contrário: é o verdadeiro motor para a jornada filosófica da busca do saber.

É reconfortante ver alguns cientistas contemporâneos conscientes desse fato, livres da arrogância que acometeu e ainda acomete a tantos. O brasileiro Marcelo Gleiser é um dos que nos inspiram nesta linha:

> Imaginar que a ciência tenha todas as respostas é diminuir o espírito humano, amarrar suas asas, roubando-lhe de sua existência multifacetada [...]. Sabemos que as repostas são menos importantes do que as perguntas [...]. Seria muita arrogância de nossa parte imaginar que podemos decifrar todos os mistérios do mundo natural [...]. Aceitar que o conhecimento é incompleto não é uma derrota do intelecto humano [...].

> Qualquer explicação científica é necessariamente limitada [...].
>
> Ver a ciência como de fato é, não como algo idealizado, acaba por torná-la mais bela, mais real [...].
>
> É a busca que nos dá sentido, saber que a cada nova descoberta encontramos novos mistérios. [...] Aceitar os limites do conhecimento não implica passividade intelectual, implica, sim, compreender como a atração humana pelo mistério alimenta nosso apetite pelo novo.
>
> Vamos abraçar nossa imperfeição, a incompletude do saber [...] trazendo um pouco mais de luz para iluminar nosso caminho adiante.
>
> **(Gleiser, 2014, p. 327-329).**

Além de conscientizar-nos dessa natural limitação, é preciso entender que o mundo tem mudado num ritmo alucinante. Depois que o muro de Berlim caiu, que as Torres Gêmeas foram dizimadas e que as fronteiras geográficas foram desafiadas pela rede de fibra ótica, pelo satélite, pelo 5G, 4K e tudo o que não para de chegar, o que temos é uma grande teia, uma trama composta de multipolos. A tecnologia da informação, o universo mais horizontal da internet, as redes sociais, a nova mídia dos vídeos que todos podem produzir etc. diminuíram o poder de indivíduos que no passado ocupavam um espaço de autoridade absoluta e limitaram as poderosas instituições (estado, igreja, exército, mídia, escola, família etc.) substituindo-as por uma grande rede de *micropoderes*.

É verdade que essa tendência não dizimou a concentração de poder nas mãos de alguns, mas hoje vemos o recente fenômeno de múltiplos atores/autores que exercem um poder disperso e descentralizado. Ficou para trás a era dominada pelos grandes líderes carismáticos longevos com milhares de seguidores ou mesmo pelas grandes instituições que arrastavam multidões por décadas e décadas. Está cada vez mais claro que o conhecimento e o poder não mais se limitam somente a indivíduos ou grupos privilegiados. Nunca foi tão evidente a limitação de saberes individuais ou de pequenos grupos, e que pouco podemos sozinhos.

Hoje Sócrates nos diria: "Calma, faz silêncio, invoca as perguntas necessárias, suspende seus julgamentos dogmáticos, suas certezas e afirmações assertivas, e vai explorar no diálogo, com paciência e perseverança, o que quer e precisa ser desvendado".

O fim da liderança (como a aprendemos)

Apesar da crescente complexidade que vem moldando o mundo ao longo dos anos, a indústria da liderança dedicou grandes esforços produzindo centenas de livros, cursos etc. que esculpiram um "líder-herói", privilegiado por um conjunto de competências que daria inveja até ao Super-Homem, à Mulher Maravilha ou até mesmo a Zeus. "Como ser um líder completo", "Aprenda a ser líder em cinco passos", "Como fazer que os outros o sigam". Estas e outras ideias permearam as prateleiras de livrarias e inundaram nossas caixas de e-mail por muitos anos – e ainda povoam nossos espaços e imaginário.

Não importa se, no fundo, as pessoas desconfiam que é difícil incorporar todas essas virtudes; elas se sentem bem porque gostam de imaginar que um dia chegarão a ser este "líder-herói". Todos nós já nos sentimos algumas vezes menos animados, um pouco para baixo, e, ao entrarmos em uma livraria ou passarmos por uma prateleira de livros no aeroporto, olhamos com especial interesse para aqueles títulos que nos colocam para cima, nos fazem crer que algumas ideias nos levarão a outro patamar.

Com base nessa mentalidade, formatamos nossas organizações, edificando-as como pirâmides habitadas em sua parte superior por indivíduos privilegiados que – como os interlocutores da *pesquisa qualitativa* de Sócrates – se acham especiais e poderosos por muito saberem. Parecem não desconfiar (ou não querem admitir) de que, na verdade, "nada sabem".

Ao mesmo tempo que nossas organizações se edificaram em sua piramidal estrutura de poder, dezenas de escolas de negócio se espalharam pelo mundo com a pretensiosa missão de explicar aos seus alunos como liderar, como ser um "líder efetivo", sempre fundamentando a liderança na clareza e na assertividade das respostas e do comando.

Essa abordagem "líder-centrada" que nos interpela há décadas vai ficando cada vez mais obsoleta num mundo de incertezas e mudanças vertiginosas. Como refleti algumas páginas atrás, o mundo mudou e os desafios humanos são complexos, requerem uma investigação mais minuciosa; as possíveis soluções estão dispersas. Por isso é tão importante reformular nossa visão e abordagem sobre o significado e a prática da liderança. Sócrates nos indicou um caminho. Ele escolheu a forma da dialética: uma dinâmica de diálogo que utiliza perguntas para ir talhando e modelando ideias a partir da relação de semelhança e contradição entre elas, chegando a visões mais críticas, amplas e ricas sobre a realidade analisada.

Encontre a pergunta

Para liderar nos tempos atuais, mais do que ter as respostas, é preciso saber endereçar as melhores perguntas. O pensador, autor e professor Edgar H. Schein (1928-2023) destaca este ponto com admirável lucidez:

> Temos de ficar mais voltados para as perguntas e fazer menos afirmações numa cultura que supervaloriza a afirmação. Sempre me preocupou ver como até as conversas

> comuns tendem a ser definidas mais pelo que afirmamos do que pelo que perguntamos. As perguntas são consideradas corriqueiras em vez de ganharem um papel de destaque no drama humano. No entanto, toda a minha experiência de ensino e consultoria tem me levado a compreender que o que constrói um relacionamento, o que soluciona problemas, o que faz as coisas avançarem é fazer as perguntas certas.
>
> (Schein, 2018, p. 12-13).

As perguntas abrem as vias de exploração e descobertas, liberam os canais neurais para novas conexões e aprendizagens, nos permitem acessar um mundo mais rico e cheio de possibilidades.

Há várias maneiras de aplicar essa abordagem na gestão do dia a dia. Por exemplo, se você lidera uma equipe, na próxima reunião que convocar, evite elaborar uma pauta com afirmações, caminhos, certezas técnicas. Minha experiência mostrou ser mais efetivo pedir aos membros da equipe que tragam as perguntas-chave a serem abordadas. Provoque-os a pensar em quais são os principais desafios que a equipe tem. Se não trouxerem perguntas, você pode ter algumas na manga. Durante a reunião será importante garantir um ambiente protegido, um *contêiner* onde as ideias e inquietações possam ser trazidas sem medo e todos tenham espaço para opinar sem reprovação, com muito respeito e abertura. Não é fácil, mas é possível, e os resultados costumam ser poderosos e consistentes.

Vamos imaginar agora que você é o diretor comercial de uma empresa centenária de seguros, que sempre prezou pela qualidade de seus produtos e pela relação diferenciada e personalizada com os clientes. Nos últimos anos, em virtude de um mercado cada vez mais competitivo, agressivo, muitos concorrentes passaram a atuar a partir do preço, conquistando clientes por meio de valores muito baixos, com serviços menos diferenciados e ganhando margem na escala. Agora, você vem sentindo a pressão do conselho e até do CEO para baixar cada vez mais os preços dos produtos. Mas isso o inquieta porque baixar significativamente o preço certamente impactará no diferencial de qualidade dos produtos e do atendimento. Você se encontra entre a cruz a espada, contra parede, pressionado a abrir mão das próprias convicções e valores, impelido a ignorar o propósito e a essência da organização que tanto lhe dá orgulho, porque o mercado e sua dinâmica estão demandando isso.

Antes de tomar uma decisão, você busca se distanciar. Respira, sobe ao mirante para ver melhor a paisagem, busca olhar o sistema de cima, em perspectiva, incluindo todos os atores nesta imagem panorâmica. Você recorre à sabedoria de Sócrates, que, como a voz da filosofia perene, é atemporal. Além disso, você decide convocar uma reunião estratégica pedindo aos colaboradores que, a partir desse desafio, elaborem perguntas-chave, esclarecendo que eles não precisam saber as respostas para as perguntas; ao contrário, devem trazer perguntas sem respostas fáceis.

Quando você começa a reunião, lembra a todos qual o desafio, a situação complexa em que estão inseridos, e mostra claramente que não sabe qual é a resposta ou a solução. Você leva o grupo a um espaço aberto, um campo fértil onde as sementes serão perguntas desafiadoras e alavancadoras. E você se surpreende com a rica lista de perguntas que surgem:

- Temos alguma alternativa além de abaixar os preços, que nos permita compensar a perda de alguns clientes com um ganho maior no final?
- Como conciliar competitividade com a essência da empresa?
- Como manter-nos no jogo sem abrir mão de nosso propósito, valores e diferencial?
- Há possibilidade de pensar em outros produtos, que sejam diferenciados, e assim manter qualidade e diferencial em alguns segmentos?
- Como fortalecer a aliança com nossos clientes para que percebam que é bom prezarmos pela qualidade de produtos e pela relação espe-

> cial com eles?
> - É possível educar os clientes para que entendam que um preço um pouco maior preserva qualidade do serviço, garantindo maiores benefícios?
> - Faz sentido para o conselho escolher entre preço e qualidade, ou seria possível manter os dois eixos?
> - Quais são os medos do CEO?
> - É possível sensibilizá-lo e fortalecê-lo para que veja um caminho que possa conciliar os valores da empresa com competitividade?
> - Estaríamos dispostos a provocá-lo nesse sentido?

Essas perguntas preenchem o espaço vazio com possibilidades a serem exploradas. O contexto para a exploração sábia está criado. Outras perguntas vão surgindo e vocês optam por endereçar várias delas, priorizando as que consideram mais importantes. Vocês dedicam tempo para tratar de cada uma das escolhidas e a dinâmica da reunião vai mergulhando em direção ao fundo do iceberg, onde repousam as causas e os caminhos mais ocultos. O tempo permite, porque você reservou toda uma manhã para esse trabalho. Você compreendeu que há situações que requerem um tempo qualitativo para serem endereçadas, o que leva a um resultado melhor no final. É o que o autor Nilton Bonder chama de "longo caminho curto" (Bonder, 1998, p. 56): demora mais, mas acaba sendo um grande *atalho* para desafios complexos.

Ao final da reunião, a equipe encontra uma forma mais inteligente de abordar a situação, buscando conciliar o diferencial da empresa com a competitividade. Vocês optam por ouvir a inquietação de alguns clientes-chave, que têm demandado mais atenção e qualidade, e, a partir dessas conversas, buscar o CEO para amadurecer com ele – com o racional desenhado na reunião estratégica – caminhos para preservar a essência da empresa sem se *suicidar*.

Não importa agora qual tenha sido a solução contemplada e o desfecho da nossa narrativa fictícia, o importante para nossa reflexão é entender o processo, a dinâmica mais sábia para chegar a conquistas mais adaptativas. O que percebemos é que faz muita diferença escolher um caminho a partir de perguntas relevantes. É verdade que essa é uma situação hipotética e que, na vida real, o desafio poderia ser tratado com medo e superficialidade. Mas é perfeitamente plausível pensar nessa narrativa quando o caminho for o da investigação humilde, paciente e sábia. Eu já vi alguns casos semelhantes; pena que são a minoria. Mas pude confirmar que essa abordagem é a melhor escolha quando se trata de desafios complexos.

As perguntas nos assustam porque fomos educados para ter o controle das respostas. Perguntar pode manifestar ignorância ou vulnerabilidade, pouca senioridade. Mas muitos erros e até desastres já ocorreram porque profissionais optaram por ficar calados quando percebiam que havia coisas erradas em algum processo, produto, projeto. Isso deve ter ocorrido quando descobriram erros importantes no desenho e na montagem do *Titanic*, além de uma sucessão de erros de manobra e decisões equivocadas que culminaram na tragédia conhecida. Pensemos nos diversos acidentes – alguns de enormes proporções – que presenciamos atônitos nos últimos anos, provocados por empresas gigantes, de segmentos como o do petróleo, mineração, petroquímica, transporte aéreo etc. Quando silenciamos as perguntas, a sombra aumenta, a sujeira vai para baixo do tapete, os bodes na sala se multiplicam, e em algum momento as consequências aparecem com uma conta bem alta a pagar.

É possível e transformador criar culturas que estimulem as perguntas, a busca pelo que nos ultrapassa. Organizações assim passam a ser espaços pulsantes que geram um saber multidirecional, com pouca hierarquia e poder, honrando a realidade misteriosa que quer emergir e se revelar. Essas culturas de sabedoria são mais adaptativas, flexíveis, criativas, resilientes. Os questionamentos são estimulados e recompensados, o não saber é valorizado, os dogmas são rejeitados e a curiosidade, exaltada.

O líder parteiro

A sabedoria socrática também nos diz que há um potencial e uma capacidade intrínsecos aos indivíduos e grupos para buscarem soluções criativas e adaptativas aos seus desafios. A arte é saber como provocar, despertar e extrair esse potencial. Foi o que buscou fazer um dos maiores técnicos de basquete da história, Phil Jackson, que ganhou onze campeonatos da NBA (liga nacional americana).

Jackson sempre acreditou nessa força intrínseca de indivíduos e equipes, exercendo uma liderança sábia ao propiciar as condições para que tal potência pudesse se manifestar:

> O que aprendi ao longo dos anos é que a abordagem mais eficaz é a de delegar autoridade tanto quanto possível e também cultivar as habilidades de liderança de todos. Quando você consegue realizar isso, além de ajudar a construir unidade da equipe e dar ensejo a que outros se desenvolvam, paradoxalmente também reforça seu papel como líder.
>
> Alguns técnicos limitam a interferência da equipe porque querem ser eles próprios a voz dominante da sala. Mas eu encorajava todos a participar do debate para estimular a criatividade e definir um tom de inclusão. [...]
>
> O mais importante era induzir os jogadores a desenvolver uma sólida inteligência de grupo para trabalhar de maneira mais harmoniosa. [...]
>
> Em vez de comprimir os jogadores em papéis previamente designados, meu objetivo era sempre promover um

ambiente onde pudessem crescer como indivíduos e se expressar criativamente dentro de uma estrutura de equipe.

(Jackson, 2014, p. 89, 93-94).

Quando lideramos uma equipe dando espaço para que os indivíduos se apropriem de seus principais desafios, o resultado imediato é um sentimento de responsabilidade, uma atitude compromissada com o bem maior por parte de cada membro do grupo. E junto a isso emerge a força e a magia de uma equipe compacta e integrada, portadora de uma inteligência coletiva poderosa. É a força de um grupo que decidiu encontrar as soluções pelos próprios meios.

Se você tem um cargo de gestão e os membros de sua equipe não mostram capacidade de pensar por si mesmos ou explorar caminhos a partir de sua própria busca, talvez não estejam preparados para ocupar a função que ocupam. Ou talvez – o que é mais grave – podem ter um gestor que não lhes dá espaço para tal autonomia e protagonismo.

Sócrates comparava-se a uma parteira, pois acreditava que, se uma pessoa trazia sabedoria dentro de si, ele poderia auxiliá-la, através dos questionamentos que fazia, a *dar à luz* uma riqueza que já estava presente. Esta abordagem ficou conhecida como *maiêutica socrática*. Seu propósito era, portanto, ajudar as pessoas a trilharem suas próprias jornadas de conhecimento. De fato, o verbo "educar" tem sua origem latina em *educere*, que significa "extrair". Educar é extrair o melhor que já existe em cada pessoa.

Isso é uma heresia para os pseudo-líderes que se acham melhores que seus "liderados". Eles estão instalados na zona de conforto de possuir as respostas, e essa posição "superior" lhes garante a segurança do controle sobre as outras pessoas. Seu ego se reforça ao ver que são "muito bons" e que os outros dependem deles. Assim, cria-se um círculo vicioso: o "liderado" vira dependente das respostas do "líder", que, como vimos, se vicia na função de indicar a resposta e o caminho. Há uma tentação egóica que alimenta o "líder" e instala o "liderado" em uma dependência cômoda. O "liderado", desta forma, aprende *a não aprender*, emburrece, atrofia seu espírito crítico, não se apropria de seus desafios, não vive a responsabilidade, não se compromete, instala-se numa relação infantil com quem sempre lhe dará o conforto de mostrar o que tem de fazer.

Baseado na abordagem que Sócrates sugere, o líder formador valoriza a *devolução do trabalho* às pessoas. Se um membro de sua equipe se aproxima com uma pergunta, você tem dois principais caminhos. Um deles é oferecer uma resposta que acabará com a tensão da pergunta e dará segurança à pessoa, que se tranquilizará por conseguir uma solução pela qual não é responsável, já que foi dada pelo seu gestor. Nesse cenário, o indivíduo não pensa por si, só recebe uma indicação e a acata, não tem participação ativa na solução. O segundo caminho é devolver a pergunta ao indivíduo: "O que você acha? Você já pensou em alguma solução ou alternativa? O que está por trás desta questão? Temos algum histórico de uma situação parecida? Podemos aprender algo com ela?". Se você agir dessa forma, provocará frustração em seu interlocutor, mas essa quebra de expectativa é saudável pois não há aprendizado sem frustração.

Pensa na criança que chora quando seu time perde uma competição. Ela fica frustrada, mas essa decepção pode ser pedagógica se ela refletir sobre o jogo, sobre o motivo da derrota, e, se bem orientada, concluir que perder uma partida não tira o valor da experiência de jogá-la, nem significa que lhe falta habilidade ou talento para praticar aquele esporte. Na maioria das vezes há no desconforto uma faixa produtiva na qual devemos transitar, suportando a dificuldade para que saiamos fortalecidos e amadurecidos.

Obrigado, mestre

Quanto a Sócrates, com o passar do tempo ele foi visto pelos núcleos de poder de Atenas como uma pessoa perigosa que questionava e transgredia as leis estabelecidas e desafiava diretrizes oficiais. Por isso, foi condenado à morte, acusado de "corromper a juventude". Seu "pecado" foi buscar ensinar as pessoas a serem autônomas para trilharem o próprio caminho da verdadeira sabedoria, desafiando o *establishment*, o *status quo*, as normas vigentes, quando estas deveriam ser questionadas.

Em culturas organizacionais hierárquicas, como as de muitas empresas brasileiras, nosso sábio talvez não durasse muito, porque é arriscado demais fortalecer a voz e a autonomia das pessoas. Em Atenas, foi condenado à morte; como gestor organizacional, provavelmente teria sido demitido. Mas sua convicção e sua busca humilde deu origem à trajetória filosófica que conhecemos e estudamos até hoje. Afinal, *philo sophia* significa "amor à sabedoria", que consiste precisamente em ir em busca de um conhecimento que nos transcende, mas do qual podemos nos aproximar, crescendo e evoluindo nessa jornada.

Me parece justo, ao concluir este capítulo, agradecer a Sócrates por deixar-nos como legado nada menos do que o florescer da filosofia através do alto preço de dar sua vida pelo que acreditava.

CAPÍTULO 4

PLATÃO E CONVIDADOS

Autenticidade Organizacional: o mundo fora da caverna

Quando eu estava terminando o colégio, não sabia ao certo, como muitos adolescentes, qual profissão escolher. Eu já intuía que minha área era humanas, mas não vislumbrava o que fazer exatamente, dentro desse universo. Acabei optando pelo curso de Comunicação Social, com ênfase em publicidade e propaganda. Fui alimentando um desejo de ser parte daquele grupo de publicitários descolados, que ditavam moda e se identificavam com os *yuppies* americanos[4]. Nesse período, frequentei alguns eventos de premiação de campanhas e anúncios, aproximando-me da cultura publicitária. Eu buscava me deliciar com o prazer que é trabalhar com criatividade, ao mesmo tempo que adorava o status que aquela profissão trazia.

---

4. *Yuppie* é uma abreviatura de *young urban professional*, termo cunhado no início dos anos 1980 para se referir a um jovem profissional urbano, entre os vinte e os quarenta anos de idade, geralmente de classe média alta. De modo geral, os *yuppies* têm formação universitária, trabalham nas suas áreas de formação e seguem as últimas tendências da moda.

Logo comecei a estagiar e depois trabalhei um período como redator publicitário, tendo uma passagem também na área de marketing de uma empresa. Aí veio a crise. Olhei para trás, para a frente e para o momento que estava vivendo e me vi imerso num mundo de superficialidade. O tempo todo eu era estimulado – e me estimulava – a exaltar alguma qualidade de um produto ou serviço, sendo que em alguns casos eu não enxergava nenhuma. Era comum haver certo exagero ou mesmo manipulação das mensagens para exaltar o que se anunciava.

Eu estava experimentando um universo no qual, em muitas ocasiões, o que valia era vender a partir do grande motor da sedução. Inventar uma narrativa – com certa frequência desconectada da essência do produto ou do serviço em si – era válido se isso envolvesse e sensibilizasse o consumidor. Aí deu-se o choque porque sempre fui, desde pequeno, uma pessoa que buscava o *porquê* das coisas, o sentido da existência, a profundidade da realidade. Acho que sempre tive um traço de filósofo, mesmo antes de desconfiar que existisse algo como a filosofia. A crise chegou porque me seduzi pelo que não poderia me realizar. Eu era consciente que tinha escolhido uma profissão nobre e importante para a sociedade – algo de que estou convicto até hoje – mas naquele momento me senti muito incomodado com o ambiente superficial e manipulador em que atuava.

Como já compartilhei anteriormente, acabei abandonando o universo de publicidade e marketing, viajando para atuar em projetos educacionais no exterior. Nesse período que passei fora, em um dado momento decidi estudar um bacharelado em filosofia com dois anos de duração. Não tinha ideia de que viveria uma experiência única e iluminadora. Percebi que tudo podia ser compreendido melhor e com mais profundidade, e que normalmente transitamos apenas na superfície das coisas. Aprendi a ter pensamento crítico, a questionar, aprofundar, desconstruir. Foi quando entendi que minha transição chegava a um momento de definição: eu caminhava acelerada e entusiasticamente para o mundo do conhecimento, da educação e da formação de pessoas e culturas. Durante o curso de filosofia me inspirei, expandi minha cognição e consciência e me encantei por vários filósofos, e um dos que mais me impactaram e influenciaram foi Platão, o grande filósofo grego que viveu em Atenas aproximadamente entre 428 a.C. e 348 a.C.

Das cópias ao mundo luminoso: a ascensão filosófica

Esse genial pensador e educador, que ainda no século V a.C. fundou a Academia – escola pioneira que colocou as bases para a evolução do que conhecemos como pensamento ocidental – foi discípulo de Sócrates e mestre de Aristóteles e um grande arquiteto de um poderoso conhecimento do qual nos beneficiamos até hoje.

Uma de suas muitas contribuições ao saber universal foi a sua atemporal parábola da caverna, presente no Livro VII de sua obra mais conhecida, *A República*. Vamos relembrá-la com uma breve síntese.

No interior de uma caverna há várias pessoas que olham para uma parede. Atrás delas, há um fogo irradiando sua luz, e entre o fogo e as pessoas passam alguns objetos, de modo que suas sombras são projetadas na parede. Todos estão acorrentados: não têm a possibilidade de se virarem e olharem para o que acontece às suas costas. Seu acesso à realidade se reduz àquela sucessão de sombras que passam à sua frente. Em um dado momento, um dos prisioneiros liberta-se das correntes, vê a realidade do interior da caverna e resolve sair. Quando consegue acessar o mundo exterior, depara-se com o brilho forte do sol e seus olhos se embaçam, ele não consegue ver direito. Precisa de um tempo. Aos poucos, consegue ver a paisagem naquele mundo novo: as árvores, os rios, os pássaros, tudo é tão real e impactante! O ex-prisioneiro resolve então voltar à caverna para libertar seus companheiros acorrentados. Volta a ter seus olhos embaçados, agora pelo contraste da penumbra dentro da caverna. Mas, ao tentar livrar seus colegas das correntes para mostrar-lhes que existe um mundo real lá fora, surpreende-se ao constatar que não acreditam nele e que querem matá-lo.

Essa parábola, extremamente importante e atual, reflete a ideia central da filosofia de Platão. As sombras na parede representam o que o filósofo chama de *aparência*, que leva as pessoas ao universo da *opinião*. É como uma cópia da cópia, um *não ser* que é visto como *ser* pelos prisioneiros. É o nível da *doxa*, termo grego que se refere a um *pseudoconhecimento* baseado na imitação e na aparência.

Quanto mais nos afastamos da parede, mais nos aproximamos do mundo real. Num primeiro movimento, vemos objetos, o fogo, mas ainda estamos dentro da caverna, em um mundo de cópias onde nossos sentidos limitados – mais ainda devido à escuridão – não conseguem acessar a realidade. Já a saída da caverna representa a jornada filosófica, de ascensão cognitiva e de consciência, que acessa o mundo real, como é *de verdade*, o universo da *episteme* (termo grego que se refere à sabedoria e ao conhecimento mais profundo), inteligível. Esse mundo *verdadeiro* tem como fonte o Sol, símbolo platônico do bem e da verdade. O filósofo sábio só consegue ver a realidade como ela é porque há a luz do Sol, que traz a essência de tudo o que existe. A jornada filosófica é, então, um caminho de ascensão e libertação: da sombra/imitação para a luz/verdade.

Quando conheci o pensamento de Platão e li pela primeira vez a parábola da caverna, consegui ver minha vida naquela narrativa. Percebi que tinha buscado, em determinando momento da minha trajetória, a saída do mundo de sombras. Naquele ponto da minha história comecei a entender que eu queria fazer um caminho inverso ao que tinha percorrido no início de minha carreira. Em vez de levar indivíduos, organizações e marcas a um mundo inventado, paralelo e virtual (de cópias e sombras), eu buscaria sensibilizá-los para o universo da essência, da verdade e do amadurecimento.

Me identifiquei com o protagonista da caverna ao visualizar que minha missão era – nos limites das minhas possibilidades – ajudar pessoas e culturas a libertarem-se das correntes da aparência e da superficialidade em que se encontravam. Esse poderoso *insight* me levou ao ciclo seguinte de minha carreira, onde passei a atuar como consultor, *coach* executivo, professor e escritor na área comumente chamada de *desenvolvimento organizacional*, o campo da educação e aprendizagem onde indivíduos e culturas organizacionais são instigados a evoluir em direção ao seu melhor estado possível. Meu propósito se concretizou como um provocador da jornada filosófica da *doxa* para a *episteme*: a aventura da saída da caverna.

Ainda vemos uma multidão no fundo da caverna, assistindo às sombras como se fossem a realidade. As redes sociais, para trazer um exemplo, só reforçaram este fenômeno – a vida ficou mais dissimulada e fugaz com essas mídias. A superficialidade encontrou terreno fértil num universo virtual que deu origem a uma nova profissão: os *influencers*. Muitos deles carecem de profundidade e conteúdo, mas são engraçados, carismáticos ou mesmo polêmicos, o que já lhes garante milhares de seguidores e *likes*. Não sabemos bem a que influenciam, mas sabemos que os milhares de seguidores atraem patrocinadores, e ter patrocinadores é quase um certificado para o tão almejado título. Nosso mundo vive o paradoxo de querer acessar a verdade das coisas ao mesmo tempo que se impregna da aparência na virtualidade, optando pelas sombras da caverna.

O sofista que não sai de moda

Quando comecei a trabalhar como consultor, logo percebi que o jogo da imitação e da aparência era parte de um universo profissional muito mais amplo, não era exclusividade de profissões mais sedutoras, como a publicidade e o marketing. Esse vírus tinha contaminado o mercado e o mundo das organizações em todos os seus níveis. Testemunhei, como profissional imerso no universo empresarial, como o afã por vender fazia as pessoas mentirem ou exagerarem sobre um serviço, um produto ou um conhecimento para garantir a conquista do cliente. Vi muitas empresas mentindo sobre práticas mais éticas ou sustentáveis somente para atrair e captar investidores e projetar uma boa imagem para todos os *stakeholders*. Também testemunhei pessoas fazendo politicagem de baixo calibre com gestores e executivos para obterem promoções. Vi muitos mentirem, exagerarem, bajularem, para estar perto de quem detinha o poder na empresa.

Ou seja, eu estava no caminho de saída da minha caverna, mas precisava de paciência e coragem para provocar alguns "prisioneiros" sobre o drama de viverem acorrentados, com o risco de ser morto no caminho (no sentido figurado, é claro).

Essa experiência me trouxe à mente os sofistas, "professores" profissionais de diferentes campos do conhecimento, que dominavam a arte da retórica e da argumentação e que literalmente vendiam seus conteúdos e discursos na pulsante Atenas dos séculos v e iv a.C. Eles conviveram com Sócrates e foram sua pedra no sapato. O ímpeto do velho filósofo em contrapor os sofistas acabou sendo frutífero para a filosofia, já que o pensamento de seu pupilo Platão se baseou muito em algumas experiências e debates que seu mestre tinha vivido com eles. A tensão entre verdade e sabedoria versus sedução e manipulação foi um dos principais temas da obra de Platão.

Os sofistas utilizavam a linguagem e o discurso como *meio*, um instrumento para alcançar os fins que desejavam, não importando se concordavam ou não com o conteúdo que transmitiam. Por isso, Platão os chamou de "caçadores de homens". Eles eram hábeis em *caçar* mentes e corações para qualquer causa em troca de um salário ou reputação. E eram mestres em parecer sábios, doutos, já que esta era uma condição fundamental para conquistar seus clientes. Para o sofista, não existia o "não ser", não havia falsidade nas coisas ou na linguagem. Foi uma manifestação precoce na história do que viria a ser o relativismo, que se consolidou principalmente com o advento do pós-modernismo: não há verdades, qualquer ideia é válida, então tudo é possível, inclusive jogar com a linguagem para transmitir qualquer mensagem, seja esta verdadeira ou não. Essa irresponsabilidade com a verdade das coisas preocupava e incomodava muito Platão, que via o impacto negativo que isso provocava nas pessoas, sobretudo nos jovens.

> Bem, não seria então o caso de esperarmos haver uma outra arte que tenha a ver com palavras, através da qual seja possível ludibriar os jovens pelos seus ouvidos utilizando-as, enquanto se acham ainda a uma certa distância as verdades das coisas, exibindo-lhes cópias faladas de todas elas, de forma a fazer com que pareçam verdadeiras e que o orador é o mais sábio dos homens em tudo?
>
> (**Platão**, 2014, 234c).

Como é atual essa reflexão! Como a sofística ainda predomina no mundo de hoje! Isso só me faz confirmar, mais uma vez, como a filosofia é sempre atual e como certas ideias e acontecimentos são atemporais. Esse parágrafo de Platão poderia perfeitamente ser um editorial de um grande jornal de hoje.

Joseph Goebbels foi o ministro da propaganda no governo nazista de Adolf Hitler. Hábil orador e manipulador da linguagem, pintou uma Alemanha dos sonhos para seu público, trazendo imagens de um país perfeito e próspero e escolhendo a dedo o que deveria ser divulgado ou não, sempre buscando sensibilizar pela emoção e distorcendo a realidade. Atribui-se a ele a frase "Uma mentira repetida mil vezes torna-se uma verdade". Uma frase que traduz o pensamento sofístico que surgiu tantos séculos antes e atravessou o tempo, sendo defendida e aplicada por muitos até os dias de hoje.

Lembro-me de quando vieram à tona – há alguns anos – centenas de casos de corrupção envolvendo políticos brasileiros e a revelação da prática comum e rotineira do chamado "caixa dois", um dinheiro fantasma, não declarado à Receita Federal, relacionado muitas vezes à lavagem de dinheiro, a superfaturamento e outros esquemas criminosos. Ao ser arguido por investigadores sobre tal prática, um político encontrou a frieza e o cinismo necessários para dizer que não se tratava de caixa dois, mas de "dinheiro não contabilizado", como se essa expressão pudesse livrar o ato de ser ilícito. Sofística pura!

Essa é uma das principais manobras dos sofistas: manipular a linguagem e utilizar conceitos e expressões genéricas, o que o filósofo espanhol Alfonso López Quintás chamou de *termos talismã*: conceitos genéricos, dentro dos quais cabe qualquer interpretação possível. O que ocorre nesse jogo é o que Quintás chama de *sequestro da linguagem*: uma prática utilizada em todos os campos, desde a política até o mundo das organizações (Quintás, 1992). Por exemplo, quando uma empresa diz "somos sustentáveis" sem explicar concretamente o que isso significa e sem mostrar com suas ações e indicadores o que a torna um exemplo de sustentabilidade, ela está utilizando um *termo talismã* e sequestrando a linguagem.

Os sofistas estão aqui, ao redor, falamos com eles todos os dias, e muitas vezes caímos em sua lábia e manipulação. Eles cultuam e honram a imitação e a aparência das sombras. Platão nunca esteve tão atual e relevante!

Organizações sofistas

Se temos indivíduos sofistas, como pensar que as organizações estariam livres desta forma de atuar? Vejo várias empresas gastando muito dinheiro em marketing para mostrar uma imagem que poderá lhe trazer boa reputação e, claro, lucro. Mas em muitos casos isto não passa de um verniz.

Uma vez fui com um grupo de consultores a uma reunião com a diretoria executiva de uma megaempresa para desenhar um programa de liderança. O presidente da organização vestia um terno impecável, era alto, grisalho, com traços bem definidos. Parecia o típico CEO que os filmes americanos gostam de mostrar. Ele se mostrou interessado no programa, fez alguns comentários relevantes sobre a importância de um programa como aquele e logo saiu. O nosso trabalho acabou não se concretizando, e anos depois eu lia na internet que o tal presidente tinha sido preso nos Estados Unidos por liderar um esquema milionário de corrupção. Ele havia criado um fundo falso e empresas de fachada que desviou milhões para pagar propinas a políticos, obter favorecimentos e garantir contratos para a empresa em que trabalhava. Enquanto eu lia a reportagem, me lembrava da reunião que tive com ele e sua equipe e de sua expressão de executivo "preocupado" com a formação de seus líderes. Como ele tinha sido hábil nas suas colocações sobre liderança e formação executiva! Que contraste! Quanta aparência! Podemos argumentar que se trata de um psicopata, mas eu o vejo como um *sofista profissional*. Aliás, penso que na arte da sofística se esconde algo de psicopatia, pois só é possível mentir com tranquilidade – como se falássemos a verdade – em temas graves quando se apaga a consciência e a empatia.

Sabemos, infelizmente, que um exemplo como esse é só a ponta do iceberg. Vivemos num universo de fachada, de imagem, de cópias, simulações e sombras. E aqui volto à obra *A República*, de Platão, de onde extraí a parábola da caverna. Glauco – um dos interlocutores de Sócrates nesse diálogo platônico – questiona o mestre sobre o valor da justiça. Se há tantos injustos e corruptos do bem, obtendo todas as vantagens e privilégios do mundo, "por que então ser justo?", questiona o jovem personagem. Para Sócrates, a justiça é o valor mais nobre, é um *bem em si mesmo*, e alcançá-la traz excelência e virtude para o sujeito justo. O bem verdadeiro, para o filósofo, só pode ser alcançado pela virtude e pela excelência, que completam e realizam o ser humano. O "bem" que os corruptos obtêm não é verdadeiro; ao contrário, é fugaz, amoral e os diminui como pessoas, além de prejudicar a sociedade e até o planeta. Por isso, para Platão, simplesmente não faz sentido uma frase como "o fim justifica os meios".

Quando uma empresa justifica o pagamento de propina a agentes públicos alegando que, se não o fizer, não consegue operar ou ser competitiva, está justificando ações objetivamente antiéticas utilizando como álibi uma abstração denominada "o sistema". Está relativizando o valor da justiça em prol de resultados particulares. Impõe-se, então, a corrupção e a injustiça como *modus operandi* e, o pior, como algo necessário para a sobrevivência individual e coletiva. Mas como essa forma de operar não é bem-vista pela sociedade, além de ser contra a lei, ela é ocultada de todos ou substituída por narrativas que tentam transmitir a virtude e a justiça como valores centrais das organizações que a praticam. Seria possível falar de ética, justiça, virtude, quando submetemos nossas ações a uma condição de sobrevivência na qual os fins justificam os meios? Para a sofística a resposta é: sim, desde que você acesse os recursos adequados e tenha a habilidade de organizá-los em uma retórica aparentemente consistente.

A autenticidade é o melhor negócio

Vivemos em um momento da história em que está mais difícil enganar por muito tempo. De fato, estamos num período paradoxal. Por um lado, ainda temos muitos sofistas, profissionais da imagem e da aparência – o que só foi intensificado com o universo virtual das redes sociais –; por outro, vemos que mentiras e falsidades duram pouco. Temos uma avalanche das chamadas *fake news*, mas elas têm sido desmascaradas relativamente rápido. Hoje em dia, a mentira ganhou exposição, mas é rapidamente descoberta e rejeitada por uma boa parte desse mundo interconectado, de modo que logo a revelação da falsidade viraliza e, com ela, a verdadeira versão, a que havia sido corrompida inicialmente.

Por isso as organizações sofistas deveriam considerar – mesmo que por pragmatismo – que talvez não seja um bom negócio manipular, inventar, fingir. Além do prejuízo econômico e jurídico que podem sofrer, há o impacto negativo na reputação da marca, com a consequente rejeição por parte do público. Vejo como marcas que se diziam íntegras, éticas, sustentáveis, ao serem descobertas em suas práticas incoerentes, sofrem para recuperar a confiança que perderam de seus *stakeholders*[5]. A reputação é um ativo intangível fundamental para a perenidade de qualquer empresa. Hoje é possível medir o nível de confiabilidade de uma empresa ou marca e a relação de sua imagem não só com seu valor de mercado mas, inclusive, com seus resultados[6]. Atualmente fica caro demais brincar com a verdade.

Vejo claramente que parte importante da minha atuação como consultor organizacional é explicitar os focos de incoerência e até de hipocrisia

---

5. Artigo *Cultura e Marcas sem Máscaras*, de Christina Carvalho Pinto e Paulo Monteiro, em Meio & Mensagem, 23/09/20.

6. Uma análise mais detalhada nos capítulos 4 e 5 do livro *Gestão integrada de ativos intangíveis*, de Marco Zanini et al. (São Paulo: Saraiva, 2017).

nas organizações para provocar o que costumo chamar de "ajuste de autenticidade", ou seja, a correspondência entre o que se diz e o que se faz[7]. Uma cultura ou marca inautêntica perde a aderência dos *stakeholders*, começando pelos próprios colaboradores, porque ser falso não é algo atraente ou inspirador.

É importante ressaltar que atuar com pouca sinceridade, no fundo da caverna, não é só inventar situações falsas ou mentir, mas também ocultar informações. Há décadas – pelo menos em quase todo o século XX –, observamos uma mentalidade organizacional muito comum em que a primeira linha hierárquica retém muitas informações que consideram "estratégicas", ou seja, devem ser mantidas em segredo nesse primeiro nível do organograma. Tal prática tem como consequência – em muitos casos – que as organizações como um todo operem sem informações importantes para sua evolução. Cria-se, assim, uma cisão entre os que têm a autoridade e o direito de saber tudo e os que não devem nem podem ter acesso a toda informação. É muito difícil uma empresa com essa mentalidade e abordagem dar conta de seus desafios, porque não haverá uma inteligência coletiva ativa em busca de soluções adaptativas e inéditas.

As organizações que vislumbram a riqueza e o poder de operar *fora da caverna* tratam as informações de maneira coletiva e transparente, pois um tema que tem impacto na instituição é obrigatoriamente relevante para *todos* os que pertencem àquela coletividade. Assim, o *modus operandi* de empresas sinceras é a participação ativa e a inclusão de todos, com comunicação aberta e busca coletiva de soluções.

Tais empresas, ao mostrarem sua autenticidade com transparência interna e externa e com envolvimento de todos os colaboradores,

---

7. Cfr. MONTEIRO, Paulo; Passarella, Wanderlei, *A Reinvenção da Empresa - Projeto Ômega,* São Paulo: Évora, 2017. p. 205-212.

conquistam uma profunda aderência dos *stakeholders*. Aliás, percebo que o melhor canal de comunicação, marketing e publicidade das organizações são suas próprias práticas transparentes. Falar é fácil, palavras desaparecem ao vento. Falar e fazer abertamente, com participação coletiva, pode ser mais difícil, mas é mais convincente e, a longo prazo, mais efetivo. Não é fogo de palha, é exemplo que arrasta.

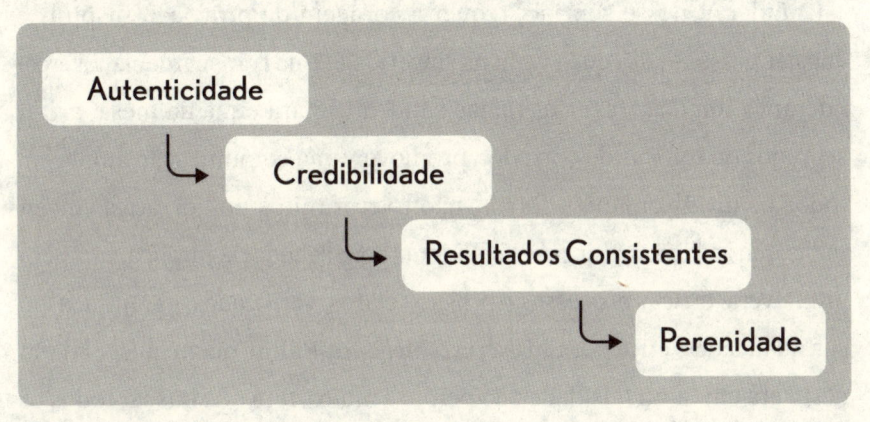

```
Autenticidade
   ↳ Credibilidade
        ↳ Resultados Consistentes
              ↳ Perenidade
```

A lógica das empresas conscientes

A boa notícia é que vemos cada vez mais organizações que entenderam o poder da comunicação sincera e da força da autenticidade. Por exemplo, temos registros que o Nubank - um dos bancos digitais mais utilizados no Brasil -, trabalha com a premissa de envolver ao máximo todos os colaboradores em conversas relevantes e decisões necessárias. São organizadas com frequência atividades de compartilhamento de conquistas, alinhamento de objetivos e busca comum de novas soluções. Todos os "nubankers" – como são apelidados os colaboradores – têm abertura para dar sugestões e propor soluções. A empresa criou diversas plataformas para que todos os colaboradores possam trocar informações e visões da forma mais aberta possível.

A Netflix – líder mundial em serviço de streaming – busca assertivamente a prática de transparência. Pelo que sabemos, a empresa inclui todo o seu pessoal nas decisões tomadas. Todos os processos de comunicação e até os documentos são abertos para qualquer colaborador ver e comentar. Relatórios sobre o desempenho de cada lançamento e decisões estratégicas estão disponíveis para conhecimento e opinião de todos os colaboradores. Todos são convidados e estimulados a comentar e até a discordar dos temas em discussão, trazendo seus argumentos e visões.

Liderar, nesse sentido, requer a coragem de provocar, inspirar e engajar pessoas para que vivam na sinceridade e na transparência. Exercer liderança implica trazer os temas candentes para cima da mesa, evitar segredos ou fofocas de corredor, promover uma comunicação ampla em todos os níveis organizacionais, não tolerar mitos ou narrativas inventadas que se tornam intocáveis. Liderar com sabedoria implica, também, promover e buscar processos e projetos claros, verificados, garantidos em sua qualidade e ética por uma séria *compliance*. Enfim, quem quiser liderar nesta era em que a falsidade não perdura muito, terá que buscar todos os meios possíveis para fomentar a integridade e a coerência da organização.

O convite de Platão está de pé

Sócrates perambulou como lobo solitário por Atenas provocando, questionando e tentando mostrar quão perigosa era a abordagem dos sofistas. Conseguiu alguns adeptos, mas os sofistas foram muito exitosos, a ponto de eu ter pinçado alguns casos atuais (quantos séculos depois!) de sofística de primeira linha. Mas a perseverança heroica do velho filósofo também gerou frutos, como a sensibilização do seu pupilo, o gênio Platão, que escreveu um acervo de valor inestimável para a história da filosofia, com destaque para sua obra-prima, *A República*, que contém a parábola atemporal da caverna, minha principal inspiração para este capítulo.

Para muitas pessoas talvez seja mais fácil permanecer acorrentado olhando para sombras, achando que estas representam o mundo real e verdadeiro. É uma inércia que nos mantém na zona de conforto, tranquilos, não nos provoca a mudar ou a lidar com a aventura do mundo lá fora, cheio de surpresas, gozos, dores, ambiguidades etc. Mas o que sabemos é que a caverna não nos realiza como seres humanos, o mundo da *doxa* não nos permite evoluir, mas nos deixa na estagnação da aparência e das cópias. E esse espaço, como vimos, traz sérias consequências para o mundo organizacional e para o exercício da liderança.

Romper as correntes dói, não é nada fácil, mas é libertador, porque a luz da nossa existência está fora da caverna.

Platão será sempre nosso aliado nessa empreitada.

CAPÍTULO 5

MARTIN BUBER E CONVIDADOS

E se a comunicação for encontro?

Não é informação

Imagine esta cena. Carlos é o CEO de uma empresa que vem crescendo de forma consistente nos últimos anos. Recentemente, ele conversou com alguns membros do conselho que argumentaram que deveriam comprar outra empresa, menor, do mesmo setor. Disseram que se tratava de uma oportunidade única. Ele achou que fazia sentido e acordaram que avançariam na negociação. Alguns dias depois, Carlos convocou uma reunião com seu comitê executivo para comunicar a notícia, mas, assim que introduziu o tema, os executivos não reagiram bem. Não acharam que fosse uma boa ideia expandir tanto o negócio quando precisavam consolidar-se mais onde operavam. E lembraram seu líder de que haviam acordado que todas as decisões estratégicas deveriam incluir ativamente a opinião dos executivos da equipe. Carlos ficou contrariado e, mais tarde, desabafou com uma amiga que o maior problema que tinha com seu time é que não o entendiam, a comunicação não fluía entre eles.

Em quase todas as organizações para as quais prestei serviço de consultoria, em algum momento alguém declarou – ou "revelou" – que o grande problema deles era a comunicação. Nenhuma novidade. Comunicar-nos é o que nos caracteriza como humanos, é algo que fazemos naturalmente desde bebês, mas é também umas das nossas maiores dificuldades. Sempre me questionei o porquê disso. E a principal razão que encontro é o fato de sermos seres complexos. Ao comunicar-nos, incluímos um universo mais amplo, como nossa visão de mundo, nossas verdades, crenças etc. Com frequência, ao interagirmos com outros, nos deparamos com formas diferentes de ver e pensar o mundo e a vida. Isso é bem desafiador, porque buscamos ansiosamente uma convergência de ideias que muitas vezes não acontece inicialmente. Como lidar com esse desafio?

Um primeiro ponto é entender que não somos os únicos seres com uma opinião sobre as coisas, e que nem sempre somos os autores da melhor visão sobre algum tema: temos apenas um ângulo. Normalmente temos a dificuldade de entender que o ser que vemos em nossa frente é, assim como nós, um indivíduo e, como tal, tem a mesma importância e valor que damos a nós mesmos. A diferença é que, com alguma frequência, ele enxerga o mundo a partir de outros ângulos, outros pontos de vista.

No nosso exemplo inicial, o CEO recebeu uma informação e a *transferiu* à sua equipe de executivos. Não houve comunicação nem na entrada nem na saída, só fluxo de informação. E ele ainda esperava que seu time acatasse mansamente a decisão. Não houve troca, alinhamento, escuta, elementos necessários à verdadeira comunicação, só fala unilateral, a mera transmissão de uma notícia.

"Comunicar" vem do latim *communicare*, que significa "tornar comum": compartilhar, repartir, distribuir, trocar, associar, conferenciar. Esse termo é derivado de *communis*, que significa "algo compartilhado por vários". A própria origem do termo traz o elemento *comum*, que deve existir para que aconteça a genuína comunicação.

Quando *isto* se torna *tu*

Muitos filósofos trataram e tratam o tema da comunicação interpessoal, e neste capítulo quero trazer alguns para nos inspirarem.

Nosso principal convidado é o filósofo austríaco Martin Buber (1878-1965). Para ele, o diálogo verdadeiro acontece no encontro entre duas pessoas que têm valor em si mesmas, ou seja, valem pelo que são. Ele chama esse encontro de *Eu-Tu*. Nele, eu o acolho pelo que você é, inteiro, estabelecendo um espaço de comunhão. O oposto desse encontro é a relação *Eu-Isto*, onde eu me relaciono com você como se você fosse um objeto (*isto*), segundo meus interesses e desejos pessoais. No exemplo que propus, o CEO tratou sua equipe de executivos como uma coleção de *istos*. Ele tinha uma agenda, precisava avançar com ela, e usou a equipe como um repositório de informação para formalizar sua decisão, com a gravidade de que tinham acordado agir de outra forma em casos como aquele.

Na relação *Eu-Isto*, é o ego que assume o controle. Como já refleti aqui, a revolução científica do século XVI objetificou o mundo, nos reduziu a seres pensantes (*res cogitans*, nos termos de Descartes), medidores e controladores da realidade. O individualismo que predominou na cultura ocidental acabou exacerbando essa *coisificação* do mundo para interesses próprios. Aprendemos a viver para nosso próprio proveito, e com frequência nos apropriamos do que está ao nosso redor como meros instrumentos, inclusive as outras pessoas. Esse comportamento tornou-se tão entranhado em nosso cotidiano que vimos a popularização de livros e palestras ensinando "como ganhar amigos para ter mais sucesso", por exemplo. Essa "comunicação-produto" tornou-se um recurso pragmático e utilitarista direcionado a vantagens individuais.

Propor a comunicação interpessoal – que deveria ser a comunhão entre dois seres inteiros que se unem em um encontro inédito – como um manual de instruções a ser seguido é um reducionismo que vai contra a riqueza do próprio fenômeno comunicacional. Se eu converso com você para o convencer de algo – e assim ser um "vencedor" –, faço dessa relação uma dinâmica assimétrica, coloco-me acima, busco poder sobre você e interrompo toda a possibilidade de fluxo que poderia ocorrer se me abrisse por inteiro em um encontro genuíno. A indústria da comunicação interpessoal invalidou o diálogo verdadeiro quando o reduziu a um objeto de venda.

E a teoria da comunicação – que estudei na faculdade – acabou tornando-se a fundamentação teórica dessa abordagem mecanicista e utilitarista. A base da teoria veio de um modelo do matemático e engenheiro Claude Shannon: temos o emissor, que detém a informação e transmite a mensagem através de um canal, e o receptor, que a recebe[8]. Vemos uma flecha que sai do emissor em direção ao receptor. Essa proposta é mecanicista porque considera a comunicação como um evento linear, previsível e controlável, ignorando qualquer expressão genuína dos envolvidos no processo. Não há encontro ou fluxo, trata-se de uma relação desigual, na qual o emissor tem o poder da informação que precisa ser passada e o receptor é destino passivo. As relações sociais no mundo ocidental foram – infelizmente – concebidas dessa forma. Não é difícil entender o porquê disso quando a principal teoria ensinada aos estudantes de comunicação segue (ainda hoje) essa lógica.

---

8. Cfr. MATTELART, Armand e Michèle. *História das Teorias da Comunicação*. São Paulo: Edições Loyola, 2001.

| Emissor | Mensagem em um canal | Receptor |

Lógica da Teoria da Comunicação

Buber olhava com preocupação para um mundo que instrumentalizava cada vez mais a vida em todos os seus níveis. Para ele, era imperioso superar o *mundo-coisa* – onde o outro se torna um objeto de coordenação – e ir em direção ao mundo da verdadeira comunhão entre sujeitos. É nesse encontro que nos completamos e nos realizamos como pessoas. Eu preciso de você – provoca Buber – para tornar-me eu. O outro passa a ser parte do meu eu. É a dimensão erótica (no sentido do Eros platônico, de união e unidade) do ser humano. Diz ele:

> Os fiéis adeptos do Eros dialógico, do Eros das asas fortes, [...] recebem cada um a sensação do evento comum também do lado do outro [...].
> Volto-me para este outro [...] na sua alteridade, na sua independência [...] e volto-me para ele com todo o poder de intenção do meu próprio coração.
> [...]
> Somente aquele que se volta para o outro enquanto tal e a ele se associa recebe neste outro o mundo [...]. Somente quando duas pessoas dizem uma à outra, com a totalidade dos seus seres: "És Tu" é que se instala entre elas o Ente.
>
> **(Buber, 2014, p. 64-65).**

Buber destaca a entidade que ganha forma quando recebemos a inteireza do outro no encontro dialógico. Trata-se de uma entidade superior, um evento quase mágico, uma realidade inédita, criativa, que abre infinitas possibilidades.

O elemento subjacente a este "comum" é nossa humanidade compartilhada. Todo "outro" é ser humano como eu, vive o mesmo drama e a mesma aventura que entranha o *Homo sapiens*. Quando vejo e sinto meu interlocutor como um ser que compartilha minha natureza, conecto-me com o que está experimentando e manifestando naquele momento, mesmo percebendo que somos diferentes e que não pensamos ou vemos as coisas de maneira idêntica. Então não há mais um emissor e um receptor – como a teoria clássica da comunicação preconizou – mas dois interlocutores com pesos iguais, que são agentes de um fluxo circular e emergente.

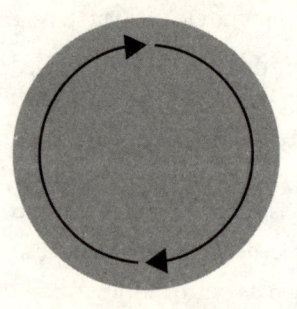

Hoje estamos no ápice da aventura tecnológica, da corrida espacial, da inteligência artificial, dos carros automáticos e da realidade virtual, nada parece frear-nos em inovação e inventividade, ao mesmo tempo que clamamos por humanidade compartilhada. A conectividade tecnológica não conseguiu conectar-nos em uma comunhão humana. Paradoxalmente, parece que estamos mais separados, isolados, o que o outrora cardeal de Milão, Carlo Maria Martini, chamou de "multidão de solidões" (Martini, 1992, p. 26).

Vejo isso diariamente no meu trabalho como consultor, percorrendo as organizações, e como professor em escolas de negócio. O que acabou predominando ao longo de décadas foi uma cultura individualista em que cada um busca seus objetivos profissionais de crescimento e tudo passa a girar em torno disso. Cada indivíduo elabora sua agenda para conseguir seus objetivos, sem considerar que no meio do caminho há pessoas, milhares delas.

Mas também há exemplos positivos, que nos inspiram e sensibilizam quando ocorrem. Recentemente presenciei um deles em uma empresa do setor de navegação, em que atuava como consultor. Na véspera da partida de um navio, um tripulante recebeu a triste notícia de que seu pai havia falecido. Alguns dos seus superiores lamentaram, mas inicialmente seguiram com os procedimentos preparatórios para o embarque, inclusive do tripulante. Aquele homem tinha acabado de perder o pai, passaria vinte dias no mar, perdendo o velório e o enterro, sem contar seu estado emocional em um cenário que tende a intensificar a solidão e a introspecção. Até que a notícia chegou ao executivo responsável pela frota. Quando ele soube do ocorrido, quis falar com o tripulante, e, ao fazê-lo, constatou que o colaborador não tinha condições emocionais de embarcar.

Naquele momento, colocou-se no lugar do seu interlocutor, recebeu-o por inteiro, pensou em quando perdeu seu próprio pai e como se sentiria se estivesse no lugar daquele *Tu* (não um *Isto*) com quem conversava. Imediatamente, convocou um comitê de crise para organizar o embarque sem o tripulante, conquistando mais aliados para aquela decisão. Embarcar sem um tripulante poderia significar uma multa, mas mesmo assim buscaram a melhor forma de solucionar o problema com ética, profissionalismo e humanidade. Encontraram uma ótima solução negociando com as autoridades responsáveis, e o tripulante pôde viver seu luto da forma mais humana possível.

Muitos fatores se interpuseram àquela decisão: pagar uma multa, atrasar o embarque, afetar o relacionamento com tripulantes e com o cliente final etc. Eram fatores que continham em si a ideia de "utilidade", de "resultados". Acontece que, quando falamos de seres humanos, estamos tratando de outra dimensão: um ser que possui um valor em si mesmo. Um dos grandes desafios das organizações está precisamente em considerar seus colaboradores como seres humanos, merecedores de um respeito absoluto. Isso é totalmente compatível com profissionalismo, eficiência, resultados etc.

E para se chegar a esse ponto é preciso *descoisificar* as empresas, transformando essencialmente a maneira de vê-las e gerenciá-las. São *comunidades humanas* que devem oferecer produtos e serviços com excelência. As pessoas, portanto, são a essência da empresa, não "recursos humanos". São elas em sua inteireza que darão os desejados "resultados" que todos buscam. Quando entendermos e concretizarmos isso, a abordagem de Buber será natural e óbvia, fluirá como algo que não poderia ser diferente.

Muitos viram UM

A reflexão de Buber sobre o encontro *Eu-Tu* nos leva naturalmente a um foco maior no diálogo específico entre duas pessoas, mas é importante ressaltar que o fenômeno que ele registra na comunicação de uma dupla ocorre também em coletividades humanas nas mais diversas dimensões.

O filósofo Ken Wilber destaca a experiência coletiva em que um grupo de indivíduos chega a uma tal ressonância que o faz atuar em alto grau de unidade e sincronia. Ele chama essa manifestação de "milagre do nós" (Wilber, 2006, p. 194), um momento em que o grupo opera em um nível superior de articulação, integração e harmonia.

Esse fenômeno é visto com certa frequência em bandos de animais, como pássaros e peixes. O cientista Rupert Sheldrake entendeu esses eventos como uma manifestação do que chamou de "campos mórficos": uma comunicação e coordenação superior, sincronizada a partir de uma relação íntima e profunda que conecta sensações, sons e movimentos em um todo harmônico. O que se observa é uma conexão energética (imaterial) que permite que isso aconteça. O resultado é o *milagre* de um grupo de indivíduos se movimentando como se fossem um ser único em um balé de total sincronia.

Que estimulante saber que esse fenômeno não acontece apenas em alguns bandos de animais, mas também no mundo do *Homo sapiens!* No esporte, observamos alguns exemplos. Há relatos de jogadores que descrevem momentos em que vivenciaram em equipe uma sensação de *inteligência única*. Por exemplo, Bill Russell – um famoso jogador americano de basquete que atuou no time Celtics – descreveu momentos de alta coordenação entre os jogadores em que o jogo parecia acontecer em câmera lenta: os jogadores, mesmo os que estavam distantes da bola, sabiam exatamente aonde a bola seria lançada e quais seriam os próximos movimentos[9]. Trata-se do fenômeno "flow" mencionado no capítulo 2, só que, nesse caso, aplicado à coletividade: um estado de performance elevada em que o grupo atinge um altíssimo grau de conexão, expressando-se como uma entidade única em um nível diferenciado de auto-organização.

A neurociência tem pesquisado e aprofundado os estudos do que denomina "cérebro social", o fenômeno em que os diferentes cérebros que participam em uma intensa dinâmica de comunicação e interação criam um campo que estimula relações sinápticas com elevada sincronia, afetando inclusive seus mecanismos morfológicos[10].

Os avanços da neurociência também revelaram os chamados *neurônios-espelhos*, células cerebrais que imitam o que o interlocutor está fazendo ou expressando, numa dança empática. Graças a esses neurônios uma criança aprende e imita gestos e ações que observam em seus pais. Interessante observar que nossa própria constituição biológica está desenhada para o encontro e a interação com os outros humanos. Nossa natureza está feita para a simbiose com os demais. Mas resolvemos separar-nos uns dos outros por uma decisão antinatural.

---

9. Cfr. JAWORSKI, Joseph. *Sincronicidade: o caminho interior para a liderança.* São Paulo: Best Seller, 2000.

10. LENT, Roberto. *O cérebro aprendiz.* São Paulo: Atheneu, 2018.

Se superarmos a divisão e a separação que criamos, será possível chegar a um elevado grau de comunhão e senso de unidade coletiva que só uma comunicação superior possibilita, um nível de união e integração que vai muito além da linguagem verbal ou do pensamento racional.

O físico David Bohm (1917-1992), estudando fenômenos quânticos, descobriu que há um campo de conexão entre tudo o que existe, ao qual chamou de "ordem implicada": um oceano energético invisível que liga todos os seres em um único existir[11]. Acessamos a ordem implicada quando vamos além da nossa mente racional e transcendemos a visão separada do nosso ego, que nos isolou em uma existência solitária e excessivamente autocentrada.

Nossos problemas comunicacionais vêm de um comportamento fechado em nossa própria visão de mundo, porque enxergamos o outro como diferente e, muitas vezes, como oposto. Nos distanciamos muito da ordem implicada porque nos afastamos e afundamos em um pensamento que separa o que naturalmente deveria *estar junto*. Não nos sensibilizamos com a tese de Bohm, que mostrou que tudo o que existe no mundo material e na consciência humana faz parte de um mesmo *todo indiviso*.

Pensadores e pesquisadores vêm estudando o que permite a alguns grupos humanos a atuação em um nível superior de integração e *performance*. Há uma unanimidade de que existem algumas condições que facilitam esse fenômeno:

- Todos os membros da equipe se consideram parte de um todo; nenhum se coloca acima ou como mais importante que os demais;
- Todos respeitam a excelência e o protagonismo de cada um quando tal protagonismo acontece em benefício do todo;

---

11. Cfr. BOHM, David. *Totalidade e a ordem implicada*. São Paulo: Madras, 2008.

- Todos têm uma disposição incondicional de ajudar os companheiros de equipe;
- As diferenças são encorajadas e aproveitadas como caminho de complementaridade;
- Os interesses individuais que não são compatíveis com o propósito coletivo são colocados de lado em favor do bem comum;
- A confiança se obtém com a *iniciativa de confiar*, mesmo sem a garantia de que as condições de confiança já estejam satisfatoriamente presentes.

Há várias equipes de alta performance que operam seguindo essas condições. É o caso do Seals, grupo de elite da marinha americana incumbido das missões mais desafiadoras, como a captura de Bin Laden e o resgate do capitão Phillips, sequestrado por piratas somalis. Equipes históricas de esporte coletivo, como o time de basquete Chicago Bulls na década de 1990, além do já comentado Celtics de Boston, da década de 1960, também performaram de acordo com essas condições.

Vejo diariamente em meu trabalho de consultor a diferença entre equipes que atuam a partir de um alto grau de comunicação e comunhão e aquelas que funcionam como uma coleção de sujeitos independentes, afastados em seu isolamento e com agendas próprias e interesses divergentes.

Eu mesmo vivi algumas experiências de projetos em que a equipe funcionou em alto nível de conectividade e comunicação superior. Uma delas foi um trabalho para uma empresa que estava passando por uma integração de um novo sistema de TI. Como se tratava de uma grande organização, os profissionais ficaram alocados no projeto por quase três anos. Isso significou afastarem-se de sua área de origem, em alguns casos até mudar de cidade, trabalhando em outra realidade. Ao fim do projeto, a empresa percebeu que seria preciso ajudar os colaboradores a se reintegrarem em suas áreas de origem ou fazerem movimentos internos, já que em muitos casos não havia mais espaço para que atuassem no mesmo lugar de antes. A consultoria em que eu atuava foi contratada por esse motivo. Nossa missão era levar os colaboradores a uma autorreflexão para reinseri-los da melhor forma na empresa.

Formamos uma equipe de quatro consultores sêniores e desenhamos um projeto ambicioso que incluía *workshops* de reflexões e aprendizagem coletiva sobre estratégia de carreira, além de sessões individuais de coaching. Nosso desafio era realizar o programa em um tempo limitado, já que, após a implantação do novo sistema, os profissionais poderiam ficar em uma espécie de limbo antes de se movimentarem para uma nova realidade. Era preciso fazer o trabalho em um tempo que permitisse aos colaboradores reintegrarem-se prontamente às suas novas áreas, sem que ficassem ociosos.

Definimos um cronograma de atividades e uma rotina de reuniões internas. Me lembro de como elas eram intensas, com participações apaixonadas e trocas constantes. As opiniões nem sempre convergiam, mas o respeito mútuo e o compromisso com o propósito comum eram tão grandes que conseguíamos atingir os melhores caminhos e soluções. Me sentia em outro tempo, não cronológico. Sem dúvida, era o *kairós* – o *tempo superior* que nos permite vivenciar um estado de presença e conexão –, de que falavam os gregos. Estávamos em comunhão por uma causa única e sabíamos que cada um de nós era fundamental para o sucesso do projeto, que a existência de um propósito comum era nossa garantia de êxito. Acessamos esse campo sagrado da comunicação e da comunhão e conseguimos preparar os profissionais no tempo definido, com um excelente resultado de reinserções qualitativas, dentro do cronograma estipulado.

David Bohm trouxe suas descobertas da física quântica para o mundo das interações humanas. Ele desenhou uma dinâmica de conversa, a qual chamou de *Diálogo*, que consiste em um encontro de indivíduos que se engajam em uma conversa aberta. Nessa troca, todos suspendem seus julgamentos e se abrem com respeito e íntima conexão ao que pode emergir como conteúdo inédito. Logo surge um novo tipo de pensamento, uma espécie de *mente única* que transcende as diferenças para um patamar comum de consciência. É o que ele chama de *pensamento participativo*, que vai além do "pensamento literal", situado num nível mais objetivo e racional[12]. Posso dizer que, no exemplo que narrei, experimentamos em diversas ocasiões o pensamento participativo.

Várias tribos indígenas conhecem bem o poder do diálogo. Por isso, mantiveram a tradição de reunir-se em um círculo, formando um espaço igualitário de profundo encontro. Phil Jackson, o brilhante técnico de basquete já mencionado aqui, levou isso para o Chicago Bulls e o Lakers, times com os quais foi campeão. Ele entendeu como é possível aproveitar o melhor de cada um em benefício do todo[13].

O círculo convida ao fluxo, ao movimento contínuo. Por razões históricas, nossa cultura ocidental optou pela linha, pela seta, pelo quadrado e pelo ângulo reto, pela pirâmide de níveis hierárquicos. Esses formatos são bons para separar, isolar, hierarquizar, diferenciar. Lembro-me de uma frase do genial arquiteto Oscar Niemeyer, que dizia: "Não gosto de ângulos retos". Sua genialidade trouxe o fluxo de curvas e círculos para seus projetos, revelando ao mundo uma arquitetura mais suave, gentil e parecida com o mundo vivo que nos circunda.

A verdadeira comunicação, portanto, não tem a aparência cartesiana de uma seta que vai de um ponto a outro. Ela se parece mais com um ecossistema de círculos que se encontram espontaneamente segundo a necessidade ou a relevância do encontro.

---

12. Cfr. BOHM, David. *Diálogo*. São Paulo: Palas Athena, 2005.
13. Cf. JACKSON, Phil. *Onze Anéis - A alma do sucesso*. Rio de Janeiro: Rocco, 2014.

Otto Scharmer, professor do MIT, assim como Bohm, vem dedicando anos de estudos e experimentos sobre um nível mais profundo de interação humana, ao qual chama de *Presença*, um campo qualitativo de encontro e conexão que leva os indivíduos a um espaço generativo de cocriação coletiva[14]. Para Scharmer, esse campo diferenciado de presença nos conecta ao todo, permitindo que futuros possíveis emerjam. Mas só conseguimos provocar esse fluxo de futuros emergentes se rompermos a fronteira da bolha egocêntrica que nos mantém presos às nossas verdades e aos nossos interesses intocáveis.

Para chegar a esse nível de alinhamento e comunhão, não devemos suprimir as diferenças e discordâncias. Ao contrário, é importante trazê-las à tona, até porque desafios mais complexos demandam visões mais amplas, que só emergem a partir do contraditório, da dialética, da saudável diversidade de opiniões e pontos de vista.

Depois de anos pesquisando equipes e atuando como facilitador de grupos, estou convicto de que, quando vamos além das diferenças em busca de um espaço comum – o desafio que inclui todas as partes do sistema –, acessamos o campo privilegiado do *milagre do nós*. Não suprimimos as diferenças, mas as ressignificamos ao incluí-las em um

---

14. Cfr. SCHARMER, Otto. *O essencial da teoria U.* Curitiba: Voo, 2020.

propósito maior, coletivo. Combinamos individualidade e complementaridade, o particular e o coletivo, para acessar o espaço superior, inédito, do fluxo coletivo.

É possível reinventar nossas organizações como comunidades pulsantes, adaptativas, criativas e evoluídas. Mas, para isso, será preciso inspirar-nos em grandes pensadores e articuladores da verdadeira comunicação. Inspirados, seremos capazes de experimentar o diálogo verdadeiro e a presença, preservando o melhor de nós ao mesmo tempo que nos lançamos à maravilhosa aventura do encontro coletivo.

CAPÍTULO 6
HERÁCLITO, LAO-TSÉ E CONVIDADOS

Um mundo que insiste em ser mutável e ambíguo

Desde os primeiros anos de vida, somos educados a esperar do mundo a estabilidade. Primeiro, pensamos que existe algo como a segurança em um estado absoluto e buscamos proteção dos nossos pais. Depois, dirigimo-nos a instituições como a Escola, a Igreja, o Estado etc. Perseguimos o repouso e a tranquilidade em realidades claras, coerentes e inequívocas, ludibriando-nos com narrativas como o romantismo da Cinderela, que nos ensinou por anos que havia um par perfeito com quem passaríamos o resto de nossas vidas unidos (fantasia que vem ficando cada mais obsoleta ao longo das últimas décadas). Acreditamos em determinado candidato à Presidência, confiantes de que ele trará, finalmente, o desenvolvimento e a prosperidade para nosso país; compramos o livro do guru que nos revelará os passos definitivos para uma vida sábia e exitosa; fazemos nosso mapa astral para saber o que acontecerá com nossa vida e como devemos nos comportar ao longo do caminho; canalizamos nossa energia a um Deus protetor que nos salvará das intempéries e dificuldades da vida, antecipando o paraíso para nosso cotidiano.

Somos seres em busca de segurança e certezas. Mas esse mundo *levado* parece nos escapar o tempo todo, frustrando nossos desejos de tranquilidade e imutabilidade.

Panta Rei: tudo flui

O filósofo grego Heráclito de Éfeso (aproximadamente 450-500 a.C.) marcou um dos principais debates da história do pensamento. Para ele, o mundo se caracteriza pela mudança constante, e a expressão que traduz isto é *panta rei*, que significa "tudo flui". Nós nunca nos banhamos em um mesmo rio – provoca o filósofo –, porque cada vez que entramos na água o rio já não é o mesmo nem nós somos os mesmos. Esse constante devir, princípio que está em todas as coisas, é simbolizado pelo fogo, representando o movimento constante.

O filósofo argumenta que o elemento central desse fluxo é a dança entre opostos. Só me levanto porque existe o estado sentado, algo só esfria porque existe seu contrário, o quente. Para Heráclito, a existência é um fluxo constante de estados e seres em movimento, pensamento que se opõe ao de outro grande filósofo pré-socrático, Parmênides (530-460 a.C.), que defendia que o ser não muda, é constante, e o que vemos como mudança é algo aparente, variações momentâneas e temporárias do mesmo ser, cuja essência permanece a mesma.

A dialética entre essas duas abordagens marcou a história do pensamento universal e até hoje influencia os mais diversos âmbitos de nossa vida, inclusive o das organizações, como veremos.

O pensamento de Heráclito é muito incômodo para a mentalidade ocidental, que sempre buscou o conforto da estabilidade, das certezas e do controle. A modernidade científica, como refleti no capítulo 2, consolidou a preferência pelo estável com importantes pensadores, alguns já mencionados, como Francis Bacon, Isaac Newton e René Descartes, que sonhavam com a derradeira conquista do mundo pelo *Homo sapiens*.

O importante matemático francês Pierre-Simon Laplace (1749-1827), por exemplo, foi um ferrenho defensor do determinismo, uma abordagem que garante a previsibilidade de tudo o que pode acontecer a partir do conhecimento do que já aconteceu. A inteligência humana, para ele, é capaz de compreender tudo o que se manifesta no mundo. Esta sua frase traduz muito bem suas convicções:

> Nós podemos tomar o estado presente do universo como o efeito do seu passado e a causa do seu futuro. Um intelecto que, em dado momento, conhecesse todas as forças que dirigem a natureza e todas as posições de todos os itens dos quais a natureza é composta, se este intelecto também fosse vasto o suficiente para analisar essas informações, compreenderia numa única fórmula os movimentos dos maiores corpos do universo e os do menor átomo; para tal intelecto nada seria incerto e o futuro, assim como o passado, seria presente perante seus olhos.
>
> (**Laplace, 2010, Introdução**).

Mas o universo, desde a menor realidade subatômica até os movimentos das galáxias, mostrou que a visão de Laplace e seus companheiros deterministas estava longe da verdade. Heráclito – muitos séculos antes – se aproximou muito mais de entender a existência, que se mostrou dinâmica, mutante e pouco previsível.

No início do século XX os cientistas perceberam que as equações e fórmulas exatas e lineares funcionavam para realidades menos complexas – com menos variáveis – como a construção de uma casa ou a fabricação de uma cadeira. Mas os fenômenos naturais e vivos, tanto na dimensão micro como na macro, têm outra natureza e dinâmica, que demanda outra matemática, mais complexa, não linear, capaz de lidar com oscilações e variações, típicas da realidade mutante do mundo em seu comportamento espontâneo.

A ênfase da matemática e da ciência passava da quantidade para a qualidade, e alguns cientistas, como Henri Poincaré (1854-1912), começaram a perceber que precisavam lidar com padrões mais amplos de comportamento quando buscavam ler e analisar fenômenos de maior complexidade. A previsibilidade da era de Newton e seus colegas se mostrava inviável em um mundo que se apresentava como mutante.

Surgiram assim abordagens como a da Teoria do Caos, que emergiu a partir de experimentos de sistemas complexos, mostrando que pequenas variações que impactam estes sistemas, provocam grandes mudanças, que não podem ser previstas de forma absoluta e inequívocas. Essas descobertas levaram o meteorologista Edward Lorenz (1917-2008) a cunhar o termo "efeito borboleta", ao se deparar com um erro de previsão do clima que ocorreu por pequenas imprecisões nos cálculos matemáticos dos computadores. Lorenz usou a analogia de que uma borboleta que bate suas asas agitando o ar hoje em Pequim pode causar, em um mês, uma tempestade em Nova York. Mudanças de qualquer dimensão – inclusive as menores – acontecem o tempo todo afetando os rumos do que vai se desdobrando.

Se conhecêssemos todos os fatores que envolvem uma realidade no presente momento, poderíamos prever melhor o que deverá acontecer no futuro, mas só conseguiríamos isso se tivéssemos a mente de Deus. Por outro lado, a Teoria do Caos nos mostra que apesar de altamente instáveis, os eventos que se manifestam no mundo apresentam certos padrões de comportamento e repetição. Se é verdade que não se pode prever exatamente o que ocorrerá com esses fenômenos, é possível antecipar os padrões, ou seja, aproximar-se do que poderá acontecer em um nível mais macro. Por isso, a Teoria do Caos passou a ser utilizada em campos como estudos meteorológicos, crescimento populacional, a dinâmica do mercado financeiro etc. O que os cientistas e pesquisadores descobriram é que podemos nos aproximar da compreensão de eventos ou fenômenos futuros, mas sempre será um esforço qualitativo, e não uma certeza cristalina, pois a característica mutante do mundo sempre prevalecerá.

Temos que reconhecer a genialidade de Heráclito, que se aproximou mais da realidade mutante do que Parmênides, apesar da contribuição inestimável deste último ao mostrar que há uma dimensão da nossa existência que traz uma certa unidade ou padrão, o que ele situou conceitualmente como o âmbito do *ser* e da *essência*. A convergência entre essas duas linhas de pensamento parece, então, dar pistas de como a realidade se manifesta no mundo: tudo muda o tempo todo, mas há certos padrões que parecem organizar essa mudança constante em ordens mais amplas.

Que tal parar de gerenciar a mudança para evoluir com ela?

Quando olho para as organizações – desde seus primórdios no século XIX até (surpreendentemente) os dias de hoje –, vejo claramente como prevaleceu a escolha pelo controle e determinismo. Ainda hoje assisto a muitas empresas honrarem e repetirem Laplace em sua rota estratégica. Como refleti no capítulo 2, elas olham para trás para entender o presente, buscam exemplos de *cases* de sucesso (os já citados *benchmarks*), tentam imitá-los aplicando as mesmas fórmulas para sua (diferente) realidade e desenham o futuro a partir desse passado conhecido. Projetam sua estratégia para os próximos anos a partir de estudos ou tendências abstratas que alguma consultoria produz, também baseada em comportamentos passados.

O erro dessas empresas é mapear o mercado, planejar seus produtos e serviços a partir de uma grande abstração, uma generalização racional, linear e antecipatória, quando o mundo real – mutante, fluido e dinâmico – está na sua frente mostrando outro comportamento. A mudança escapa das empresas deterministas: elas preferem a segurança de cálculos pré-definidos, dos planos cartesianos, dos estudos técnicos e precisos. E o mundo vai mudando e fugindo do que elas tentam controlar. O problema e a gravidade dessa abordagem organizacional é que tais empresas estão inseridas num ambiente de alta complexidade operando com métodos simplistas, de baixa complexidade. A conta não fecha.

Já mencionei no capítulo 2 como o mundo tentara prever o futuro a partir de sucessivos estudos abstratos e cartesianos quando em 2020 surgiu uma pandemia que mudou da noite para o dia o comportamento de todo o planeta. Os estudos deterministas que cravaram com a presunção típica da profecia moderna como seria o mercado, o consumo, as estruturas organizacionais etc. foram caindo por terra, um a um. Indivíduos e organizações, no mundo inteiro, tiveram que adaptar-se, reinventar-se, mudar de maneira imprevisível. Mas não é justamente esse fenômeno que vemos em espaços de tempo cada vez mais curtos? Se não é a pandemia, será uma guerra, um desastre ecológico de impactos globais, uma recessão mundial (como foi a de 2008) ou algo similar.

A história que se apresenta diante dos nossos olhos, dia após dia, está cada vez mais *heraclitiana*. Por que insistimos em seguir Descartes, Laplace, Newton, Bacon, dentre outros, para lidar com este mundo mutante? Como argumenta o autor e consultor Gary Hamel, "precisamos de organizações que, como a biosfera (...) ou uma cidade dinâmica, sejam mais emergentes do que projetadas." (Hamel, 2021, p. 31).

Mas podemos alimentar nosso otimismo quando vemos, gradualmente, o surgimento de empresas mais orgânicas, vivas, capazes de lidar com a mudança e o movimento constante. São organizações que têm uma estrutura menos hierárquica, mais celular, com equipes multifuncionais e pouca burocracia; empresas que optam por uma abordagem ágil, onde os planos são mais simples e constantemente revistos, com reuniões breves e contínuas de ajustes e adaptação à realidade como essa.

O já citado autor Frederic Laloux – que recentemente estudou algumas empresas mais conscientes e adaptativas – revela que não encontrou em suas pesquisas o termo "gerenciamento de mudanças": "A mudança parece transcorrer naturalmente e de forma contínua" (Laloux, 2017, p. 213). Ao apontar os exemplos positivos, o autor aproveita para explicitar o paradigma que devemos deixar definitivamente para trás:

> Os sistemas estáticos não têm uma capacidade intrínseca para mudança. Uma força externa deve ser aplicada ao sistema. A mudança nessa visão de mundo não é fluida nem um fenômeno em progresso, mas sim um movimento de uma só vez que parte do ponto A para o ponto B, a partir de um estado estático para o outro.
> A mudança, nessa visão de mundo, é uma necessidade infeliz. Tentamos minimizar a demanda por mudança, prevendo e controlando o futuro. Procuramos planejar as surpresas da vida. Rezamos para que a realidade permaneça dentro dos limites do orçamento e do planejamento estratégico.
>
> **(Laloux, 2017, p. 213).**

Diferentemente do paradigma tradicional cartesiano, as organizações contemporâneas mais conscientes tratam a mudança como um movimento emergente, imprevisível, inédito, que caminha da compreensão do estado atual para o que quer surgir, caminho que vai se revelando à medida que é percorrido. Por isso, uma competência fundamental para os desafios atuais é aprender a ver o invisível, o que ainda não surgiu, mas "quer emergir". Para isso, é preciso olhar o *campo*, captar o não dito ou manifestado, usar a intuição para imaginar e provocar futuros possíveis, prototipar e testar algumas dessas ideias avançando pela jornada da aprendizagem, que é fluida, dinâmica e cheia de surpresas.

Um filme que me impactou muito foi *Patch Adams: o amor é contagioso* (1998), baseado na vida real do médico que dá nome ao filme. Patch estudava em uma universidade tradicional de medicina e teve acesso a pesquisas que comprovavam o efeito positivo do humor e da ludicidade na cura de algumas doenças. Decidiu fazer experimentos nessa linha no hospital da universidade, obtendo bons resultados, e tentou sensibilizar colegas e médicos para esse tema. Conseguiu alguns adeptos, mas a cultura tradicional da universidade acabou rejeitando-o. Patch decidiu então prototipar um hospital diferente, alternativo, concebido a partir da alegria em sua estrutura material e cultural. Depois de se formar, levou o projeto adiante, consolidando seu hospital e criando um movimento internacional que vem levando alegria a muitos hospitais, com resultados positivos no tratamento das mais diversas doenças.

Patch não ficou olhando para o passado da medicina, não se estagnou no que já era conhecido para exercer sua profissão no presente, resistiu à inércia de projetar o futuro como uma continuidade e repetição do passado. Ele "olhou o campo", prestou atenção no que era sutil e queria se manifestar: estava sintonizado com o futuro possível e deu vida à sua visão. Essa é a competência de entender e agir no mundo mutante e fluido em que vivemos, onde cada momento é diferente e, portanto, uma oportunidade para o inédito. Mas, para isso, é preciso desprender-se das amarras da racionalidade extrema.

O século XXI demanda novas competências, relacionadas diretamente à mudança, como a intuição e a inovação. A racionalidade deve completar a intuição, dar uma certa estrutura e ordem à energia da mudança, em vez de ser o carro-chefe do *modus operandi* contemporâneo.

O necessário terreno da ambiguidade

O pensador, autor e consultor Giuseppe Varchetta tem se dedicado a estudar o que chamou de *ambiguidade organizacional*. Para ele, a contemporaneidade lançou o *Homo sapiens* num terreno de incertezas, de múltiplas possibilidades e caminhos alternativos. Não estamos mais seguros de nada, não sabemos o que acontecerá com nossa moeda em seis meses, nem com a geopolítica, com o meio ambiente, com os mercados, enfim, estamos instalados num vazio que é um campo aberto de possíveis direções. Diante disso, é fundamental desenvolver a competência que o psicanalista britânico Wilfred Bion (1897-1979) chamou de *capacidade negativa*: "aquela capacidade que o ser humano tem de continuar nas incertezas, através de mistérios e dúvidas, sem começar uma busca agitada por fatos e razões" (Varchetta, 2010, p. 50).

A capacidade negativa, então, é a competência de lidar com o ambíguo. Continua Varchetta:

> O sujeito organizacional dotado de capacidade negativa cruza territórios caracterizados pela escassez de sentido, experimenta desarticulações, vazio, mas sabe chegar em lugares novos até enxergar a geração de "possíveis" [...]. Começa a perceber, dentro daquele universo expandido, fascinante, mas assustador, o maior número de eventos positivos [...].

> Ele consegue resistir, pois tem a capacidade de ficar satisfeito com um "quase conhecimento".
>
> (**Varchetta, 2010, p. 50-51**).

No mundo estável, controlável, previsível, que idealizamos, a capacidade negativa é quase um ultraje, pois vai contra nossa obsessão por saber tudo e ter as respostas imediatas e certeiras para todas as nossas perguntas. Mas é a única forma possível de lidar com o mundo atual, cada vez mais ambíguo, onde vetores múltiplos e até mesmo contrários convivem e demandam de nós uma reação adaptativa.

Já mencionei aqui a pandemia da covid-19, que mergulhou o mundo inteiro em uma capacidade negativa universal. Indivíduos de todas as nações passaram a viver na incerteza sobre a gravidade do vírus, sem saber quanto tempo ficariam trancafiados em suas casas. Inclusive mandei uma mensagem para Varchetta, habitante de Milão – um dos epicentros da pandemia – para saber como ele estava. A cidade tinha determinado que os seus habitantes ficassem por meses sem sair de casa, um desafio quase insuportável, e a resposta daquele sábio senhor, avançando em idade, foi: "este é um grande desafio para minha capacidade negativa." O autor passava da reflexão e produção de um conteúdo muito relevante, para sua experimentação, num grau altamente desafiador.

Me lembro dos primeiros meses da pandemia, quando soube que as aulas agendadas que eu daria – em uma das escolas de negócio que leciono – tinham sido canceladas, o que também aconteceria com os projetos em que eu atuaria em minhas empresas clientes. De repente, me vi sem saber o que faria e como seria minha situação financeira daqueles meses em diante. Não tinha ideia se, em algum momento, as aulas voltariam ou não, se os projetos seriam retomados, ou mesmo se minha vida estaria seriamente ameaçada por aquele vírus.

Em poucos meses, passamos a dar aula por meio de plataformas virtuais, e o mesmo aconteceu com os projetos para as empresas. Eu – que gosto muito mais da energia presencial – tive que me adaptar a uma nova realidade, ser um educador e facilitador virtual. Tive que desenvolver novas competências, além de aguentar a ansiedade de voltar a um mundo "normal", que, mais tarde percebi, não voltaria a ser como era.

Dois anos depois do início da pandemia, me via em uma sala de aula lecionando uma matéria de MBA que foi classificada como "híbrida", ou seja, parte dos alunos estava presente presencialmente e outra parte participava remotamente, via plataforma virtual. Foi preciso investir em tecnologias que antes não estavam presentes nas salas de aula daquela escola de negócio. Tive que aprender a dar uma boa aula simultaneamente para os que estavam diante de mim fisicamente e para outros que via em um pequeno quadrado em uma tela de TV. Aquela aula foi um excelente exemplo de ambiguidade, já que não era nem presencial nem virtual, mas uma combinação entre as duas. O universo educacional era outro, porque o mundo tinha mudado... e eu tive que mudar junto com ele.

A sabedoria das energias complementares

A ambiguidade organizacional se apresenta, muitas vezes, com duas qualidades opostas que, como reflete Varchetta no livro já citado, "se juntam sem lutar entre si" (Varchetta, 2010, p. 56). Isso nos remete a Heráclito, que entendeu que o movimento da mudança surge a partir da dança de contrários.

Ao retomar e destacar esse tópico, gostaria de trazer outro grande filósofo para este capítulo: Lao-Tsé, de quem temos poucas informações históricas. Ele foi um pensador e escritor da China Antiga – que provavelmente viveu entre os séculos VI e V a.C. –, considerado o autor da antológica obra *Dao De Jing* e o fundador do taoismo, importante filosofia e doutrina que posteriormente chegou a um alcance e influência mundial.

Não temos registros históricos de que Heráclito tenha conhecido Lao-Tsé, mas ambos defenderam o mesmo pensamento de que tudo o que acontece surge da dinâmica entre polos contrários, que eu prefiro chamar de "complementares". Os polos primordiais dessa dança são o *yin* e o *yang*. O *yang* representa o princípio masculino, o céu e a luz (sol), o alto, a energia expansiva. O *yin* é o princípio feminino, a Terra, a sombra, o denso, a energia receptiva. Tudo o que existe acontece a partir da dança sinérgica entre esses dois polos.

O mito taoísta do homem primordial, chamado Pángu, traz a origem dessa polaridade central da existência:

> No início havia o Vazio primordial. [...] Um ovo foi chocado por 18 mil anos e o Céu, a Terra e Pángu coexistiram em um estado de unidade dentro deste ovo negro. Ao romper o ovo, Pángu cria o Universo, dando origem ao Céu e à Terra, separando o Yin e o Yang, com um golpe de machado. O Yin, mais pesado, afunda e torna-se Terra, enquanto o Yang, mais leve, eleva-se para formar o Céu.
>
> **(Cherng, 2008, p. 15)**.

As energias do Céu e da Terra (yin-yang, segundo a filosofia taoísta) compõem o todo, a consciência universal, à qual está conectada também a energia do ser humano, microcosmo desse todo. E essa polaridade se manifesta de várias formas em tudo o que existe: o amanhecer, por exemplo, é a chegada da energia yang, que atinge o seu máximo ao meio-dia; o entardecer traz o recolhimento do yang para dar espaço ao yin da noite, que atinge seu máximo à meia-noite, avançando depois para dar espaço de novo ao yang, seguindo o ciclo sem fim. Até a medicina chinesa foi estruturada a partir desses dois princípios, denominando alguns órgãos mais yang – como pulmão e coração – , e outros mais yin – como fígado e rim. A acupuntura chinesa está toda organizada a partir de pontos energéticos yin e yang.

Expressando essa dança entre yin e yang, escreve Lao-Tsé:

> *Para contrair uma coisa, devemos, certamente, primeiro expandi-la;*
>
> *Para enfraquecê-la, devemos, certamente, primeiro fortalecê-la;*
>
> *Para derrotá-la, devemos, certamente, primeiro exaltá-la;*
>
> *Para despojá-la, devemos, certamente, primeiro presenteá-la;*
>
> *Essa é a chamada sabedoria sutil.*
>
> (**Dao De Jing, 36**)

Para nosso mundo ocidental, que foi concebido isolando realidades diferentes e excludentes, essa abordagem parece muito pouco atraente. Somos herdeiros de pensamentos mais fundamentalistas e extremistas, gostamos de escolher um só lado. Gostamos de olhar para o que é absoluto e fácil de explicar.

Quando pensamos em como víamos a matéria, por exemplo, nas origens da ciência ocidental, lembraremos do pensador grego Demócrito – que viveu aproximadamente entre 460 e 370 a.C. – , que considerava o átomo como a menor partícula indivisível e determinada: uma matéria sólida, o oposto do vazio. A própria palavra "átomo" vem do grego "*a*", negação, e "*tomo*", divisível, isto é, "indivisível". Voltamos então ao ponto do debate entre *ser* e *não ser*. O atomismo de Demócrito é mais uma forma de dar um caráter absoluto e determinado ao *ser*, em contraposição à inexistência do *não ser*. Essa foi a base da física clássica, defendida por gigantes como o já mencionado Isaac Newton, o cientista da ordem e da clareza: o mundo é determinado, claro, previsível, mecânico.

Mas quando a física começou a observar o fenômeno subatômico, o mundo descobriu que Demócrito e Newton estavam errados, que no interior do átomo há um enorme vazio (exatamente o que Demócrito tinha isolado para *fora* do átomo), onde partículas imensamente pequenas – os elétrons – se movem em torno ao núcleo. Então revelou-se que a matéria – na sua forma mais interna e imperceptível a olhos humanos – no fundo é um *movimento*, uma *relação*, que acontece em um grande vazio. Que escândalo para quem desenhou toda a existência como algo concreto, mensurável e previsível!

E para piorar, as observações da física quântica revelaram que as unidades subatômicas se comportam de maneira dual, às vezes como partículas e outras como ondas. Trata-se de uma dança entre polos que não existem separados. A onda se transforma em partícula que se transforma em onda: uma precisa da outra para existir e se manifestar. O ser da matéria, então, se manifesta de formas diferentes, como relações dinâmicas, tendências e probabilidades, algo absurdo para a física clássica.

O fenômeno quântico, portanto, só veio a confirmar – séculos depois – o princípio de complementaridade que Heráclito e Lao-Tsé defenderam, mostrando que estes pensadores foram grandes gênios muito à frente de seu tempo.

Essa *tao* da gestão de polaridades

Tive a oportunidade de conhecer e me formar na metodologia de um consultor e autor diferenciado, Barry Johnson – o criador da chamada *Gestão de Polaridades* – que teve a inspiração e rara habilidade de traduzir a sabedoria milenar de Lao-Tsé para nossas vidas cotidianas e para o universo organizacional com seus imensos desafios.

Johnson mostra que muitas das situações que enfrentamos não envolvem opções a escolher, caminhos excludentes, mas polaridades complementares, que não devem ser *solucionadas*, mas *geridas*[15].

Quando, por exemplo, propomos à nossa família – na tarde de um domingo – terminarmos o fim de semana com um jantar em um bom restaurante, em algum momento teremos que decidir se vamos a um italiano, um japonês, um lugar de carne ou de salada etc. Essa é uma decisão que requer escolha entre diferentes opções. Não é uma situação que apresenta polaridades complementares, ou seja, uma opção não necessita da outra para existir ou se manifestar. Elas são excludentes.

Mas há situações – cada vez mais presentes em nosso mundo contemporâneo, líquido e complexo – que não trazem a possibilidade de escolha entre diferentes caminhos, e sim a necessidade de sustentar e gerenciar um constante movimento entre dois polos. Alguns exemplos de polaridades típicas em nossas vidas são:

- Atividade e Descanso
- Pensar e Fazer
- Escutar e Falar
- Perguntar e Afirmar

Quando adentramos no universo organizacional com seus desafios, algumas das polaridades típicas são:

- Operacional e Estratégico
- Matriz e Unidades de Negócio

---

15. Para aprofundar nesta abordagem, ver JOHNSON, Barry, *Polarity Management*, Amherst – MA: HRD Press, 1996.

- Curto Prazo e Longo Prazo
- Indivíduo e Time
- Delegar e Orientar

Cada um desses polos necessita do outro para um movimento harmônico e contínuo. Nessa dança entre polos complementares, conseguimos lidar com uma realidade complexa que requer uma abordagem "Isto *e* Aquilo", em vez de "Isto *ou* Aquilo". De novo, Lao-Tsé e Heráclito presentes.

Ao longo da minha experiência como consultor organizacional, vivi vários momentos e desafios que me demandaram a habilidade de gerenciar polaridades. Há alguns anos, eu trabalhava como consultor em uma importante empresa multinacional com foco em carreira e desenvolvimento organizacional. A consultoria no Brasil era encarregada de gerenciar diretrizes mais corporativas e transversais entre as unidades da América Latina, que funcionavam com donos próprios, mas estavam vinculadas a valores e práticas que deveriam ser globais. Os líderes da consultoria no Brasil me pediram para coordenar um programa de integração para a região latino-americana. Para isso, fui incumbido de visitar as unidades dos diversos países do continente para reforçar sua integração com a essência da marca, garantindo o alinhamento daquelas operações com os princípios e práticas globais.

Ao avançar nas visitas, logo percebi que estava diante de um grande desafio. Muitas das unidades tinham práticas locais desconectadas de princípios ou diretrizes globais. Mas também, em outros casos, pude observar exemplos de alinhamento no uso de algumas ferramentas e metodologias. Meu grande desafio era ter clareza de cada situação no que se referia ao grau de alinhamento com a marca global, tratando cada caso com os líderes locais. Nem sempre fui exitoso, mas no geral o saldo foi bem positivo, apesar de chegar muito cansado física e mentalmente ao final do projeto.

Claramente eu me encontrei diante de polaridades que podemos denominar "Parte e Todo" ou "Unidades de Negócio e Matriz". De acordo com a abordagem de Johnson, se escolhermos um polo, ignorando ou excluindo o outro, naturalmente cairemos no que ele chama de *downside*, isto é, o lado negativo daquele polo. No meu desafio, se eu fosse condescendente com os líderes locais e deixasse que seguissem com suas práticas desconectadas de diretrizes corporativas cairíamos no *downside* do polo "parte" ou "unidade de negócio". Isso traria alguns resultados negativos, como falta de identidade com a marca global, confusão nos clientes regionais, pouca integração e impossibilidade de trocas de práticas entre as unidades da região etc. Por outro lado, se eu fosse muito rígido nas diretrizes corporativas, cairíamos no *downside* do polo "todo" ou "matriz", restringindo a criatividade de cada localidade ou mesmo a identidade cultural de cada país. Eu precisava ver o espaço de complementaridade entre os dois polos sem comprometer a saúde e o melhor de cada um deles. Esse desafio pode ser representado com o seguinte mapa, segundo a abordagem de Johnson:

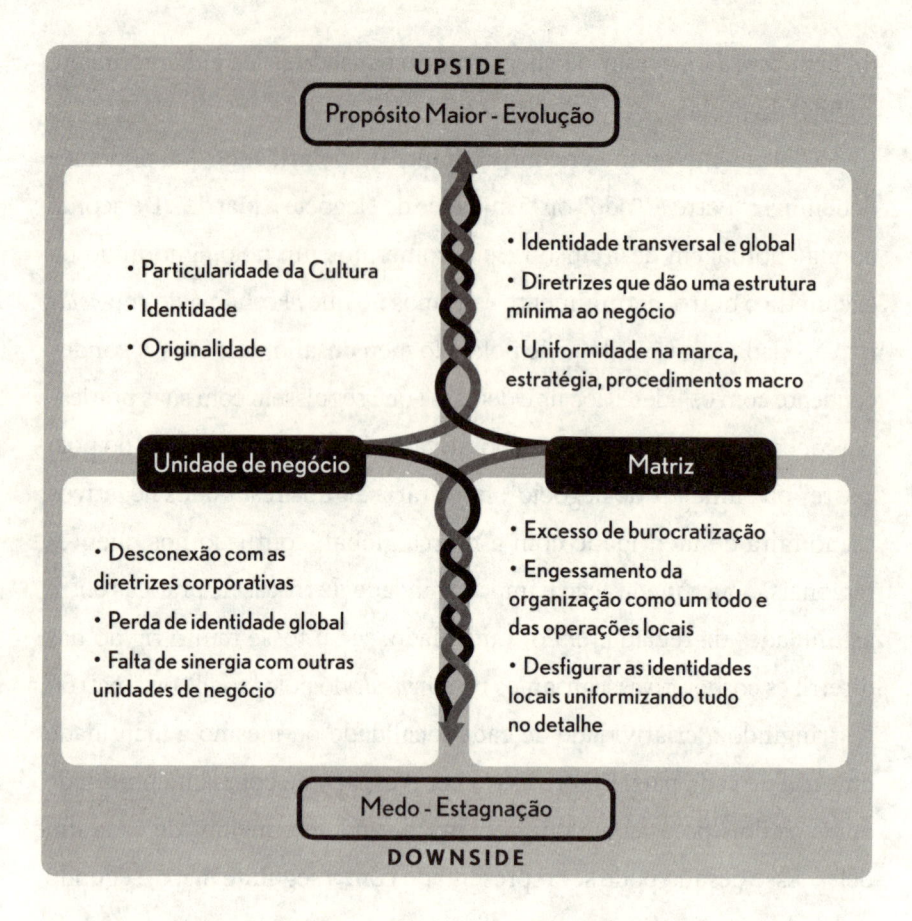

```
               UPSIDE
       ┌─ Propósito Maior - Evolução ─┐

  • Particularidade da Cultura      • Identidade transversal e global
  • Identidade                      • Diretrizes que dão uma estrutura
  • Originalidade                     mínima ao negócio
                                    • Uniformidade na marca,
                                      estratégia, procedimentos macro

       ── Unidade de negócio ──        ── Matriz ──

  • Desconexão com as               • Excesso de burocratização
    diretrizes corporativas         • Engessamento da
  • Perda de identidade global        organização como um todo e
  • Falta de sinergia com outras      das operações locais
    unidades de negócio             • Desfigurar as identidades
                                      locais uniformizando tudo
                                      no detalhe

       ─── Medo - Estagnação ───
              DOWNSIDE
```

Exemplo de Mapa de Polaridades, a partir da abordagem de Barry Johnson

Todos os dias milhares de organizações e líderes no mundo inteiro se deparam com desafios complexos que demandam a arte de gerir polaridades em vez da abordagem binária e excludente de resolver problemas escolhendo e seguindo um só caminho.

Vivemos um exemplo de polaridade durante a pandemia da covid-19, quando intensificou-se o fenômeno batizado como *low touch*, isto é, produtos e serviços ofertados à distância, através de canais como o e-commerce, além, é claro, das reuniões, aulas, cursos virtuais. O mundo ficava mais conectado através do não presencial. Mas logo esse mesmo mundo percebeu que as pessoas precisavam da proximidade física. Colaboradores queriam passar mais tempo em seus locais de trabalho, consumidores queriam tocar, experimentar, cheirar alguns produtos antes de comprá-los. Ou seja, o mundo também queria ser *high touch*, apesar da preferência de grupos que lucram com o universo *low touch*. Essas duas polaridades deverão ser equilibradas, complementando-se numa dança contínua (como na minha aula de MBA que comentei acima).

Para Johnson, as polaridades se movimentam nesse fluxo constante, que ele sabiamente representou com uma imagem que denominou de *infinite loop* (looping infinito). Cada polo flui em direção ao outro, complementando-o e permanecendo em movimento. Se um dos polos for escolhido em detrimento do outro, o *loop* é interrompido e o movimento cessa: o fenômeno se estanca e aquela energia vital é interrompida; caímos no *downside* de um polo que levará à estagnação e, consequentemente, ao fim daquele equilíbrio dinâmico. A representação mais universal do *infinite loop* é a dança entre yin e yang, o movimento dinâmico que marca e sustenta toda a existência.

***

O século XXI descortinou para a humanidade que o mundo não se comporta da forma que tinha sido narrada em alguns momentos da história: realidades fixas, determinadas, excludentes. O ser é mais complexo e mutante do que se pensou por séculos e a existência se manifesta por um constante movimento que inclui ambiguidade, complementariedade e imprevisibilidade.

Para liderar e exercer protagonismo neste mundo camaleônico, cada vez mais será preciso abrir mão das certezas e previsões absolutas, fluir com o ritmo do que vai manifestando-se, incluir o "e" nas nossas análises da realidade e na forma de reagir a ela, adaptando nossa mentalidade binária para uma abordagem dual e dinâmica: equilíbrio *e* desequilíbrio, caos *e* ordem, padrão *e* variação, yin *e* yang...

Teremos que lembrar constantemente que a vida é o curso dinâmico de Lao-Tsé, o rio de Heráclito, que muda constantemente, mas que permanece, em certo sentido (como defenderia Parmênides), o mesmo rio que flui.

CAPÍTULO 7

CARL JUNG E CONVIDADOS

O necessário reequilíbrio entre o masculino e o feminino

Um dos filósofos convidados do capítulo anterior foi Lao-Tsé, o pai do taoismo, que, como vimos, é a filosofia que explica tudo o que existe a partir de uma dança de duas grandes forças complementares, o yin e o yang, cada um se alimentando do outro em um movimento contínuo de equilíbrio dinâmico.

Lembrando que o yang é o princípio masculino, de expansão, produção, fluidez, irradiação, céu, luz... E o yin é o princípio feminino, de recepção, absorção, acolhimento, densidade, terra, sombra.

Agora quero aprofundar nesses dois princípios, focando as energias masculina e feminina e trazendo alguns pensadores-chave para entender um pouco melhor as causas do comportamento que observamos hoje no mundo e como isso impacta as organizações e o exercício da liderança.

Confesso que, na primeira vez que ouvi falar sobre os princípios masculino e feminino, pensei logo em homem e mulher, mas, ao aproximar-me mais desse tema, bebendo também na fonte da sabedoria oriental, percebi que se trata de algo muito maior, mais amplo e profundo, não somente restrito aos gêneros, apesar de ter uma certa relação com os universos masculino e feminino. Ao dar esse salto, consegui entender a importância dessas forças para nossa evolução como seres humanos.

É sobre isso que iremos refletir.

Anima e Animus

Carl Jung (1875-1961) foi um psiquiatra suíço de nome e de peso que se nutriu também da sabedoria oriental para enriquecer seus estudos sobre a psique humana. Ele mostrou como somos influenciados por arquétipos, energias coletivas que pertencem à natureza humana e ao nosso existir no mundo, independentemente de onde moramos, de nossa cultura ou do período histórico em que vivemos. Essas realidades vão além de cada indivíduo, são imagens primordiais, ideias universais e atemporais e também inconscientes, ou seja, muitas vezes pensamos e agimos sem percebermos as forças que atuam sobre nós. Por exemplo, culturas de diferentes regiões e períodos históricos narraram histórias muito semelhantes, contendo elementos como o herói, o sábio mentor, o monstro inimigo, os ritos de passagem etc. Seria muito difícil explicar como é possível tamanha semelhança sem recorrer a um princípio universal e coletivo – presente na espécie como um todo – como é a ideia dos arquétipos.

Entre os arquétipos estão dois muito importantes que Jung chamou de *anima* e *animus*, respectivamente, os princípios feminino e masculino.

Anima é a energia feminina que se encontra no homem, em seu inconsciente. Essa dimensão engloba a emoção, a sensibilidade, o gosto pelos relacionamentos, a intuição, a receptividade ao novo e ao irracional.

Animus é a energia masculina presente no inconsciente da mulher. É representada pelo logos (o sentido), contendo elementos como a coragem, a objetividade, o pragmatismo, a capacidade julgadora, de decisão e realização.

Para Jung, o homem de sua época considerava "uma virtude reprimir da melhor forma possível seus traços femininos" (Jung, 2011, p. 79). Este homem se sentia ameaçado pela *anima* em sua masculinidade, por isso a reprimia e, paradoxalmente (ou talvez logicamente), costumava atrair-se por esse aspecto da mulher, que ele abafou e recalcou em si mesmo, afastando-o do seu consciente. Ao querer parecer forte externamente, em seu contexto social, vestia uma máscara – sua *persona* – e não reconhecia as próprias fraquezas e emoções. A anima ficava encapsulada no interior, escondida, e o que aparecia era a figura de sua "esplêndida persona".

A tendência a esse tipo de comportamento masculino ainda está muito presente no mundo contemporâneo, o que torna o pensamento de Jung atual e relevante. Ele enfatizou a importância do homem acessar sua dimensão inconsciente, trazendo para o exterior toda a beleza e potência da anima, compensando sua energia masculina com o melhor da sua energia feminina. O psiquiatra chama este movimento de *individuação* – a realização do *si mesmo* – que ocorre quando o sujeito acessa sua essência – *self* – pelo contato com o inconsciente, integrando o melhor do masculino com o feminino; yin e yang equilibrados.

A mulher, por outro lado, tem sua porção masculina, o *animus*, escondida em seu inconsciente. Se ela for capaz de acessar essa energia, harmonizando-a com seu ser feminino, conseguirá equilibrar sensibilidade, intuição e acolhimento com objetividade, assertividade e decisão. Mas para a mulher isso também é um desafio. Algumas acessam o animus sufocando o feminino, mostrando uma "super-energia" e força que por vezes tangenciam a agressividade, acessando uma virilidade exagerada e reprimindo, assim, a beleza e o poder de sua feminilidade. Segundo Jung, muitas vezes, a voz de animus vem como uma pluralidade de juízes, com suas opiniões irrefutáveis, um verdadeiro "cânone de verdade" (Jung, 2011, p. 98).

O caminho de sabedoria e maturidade para homens e mulheres está, portanto, em harmonizar yin e yang, anima e animus. Mas, como o ser humano tende a extremos, esse equilíbrio ainda hoje é um enorme desafio para nós.

O que vimos prevalecer nas sociedades ao longo da história é um peso maior à energia masculina, que predomina há séculos no universo do conhecimento, do trabalho, das religiões, das sociedades e em muitos outros. Há diferente razões para isso, mas podemos apontar algumas das principais causas que contribuíram para tal hegemonia da energia masculina no mundo.

O dia em que a espada venceu

A cientista social Riane Eisler (1931-) mostra, em sua excelente e clássica obra O *cálice e a espada*, que descobertas arqueológicas consistentes revelaram que muitas das civilizações mais antigas – do Paleolítico (2,5 milhões a 12 mil anos atrás) e do Neolítico (10 a 3 mil anos atrás) – tinham um sistema social e cultural baseado na cooperação, na arte e na beleza. Produziam pela agricultura, que estimulava o cultivo e o cuidado, estabelecendo relações de abundância, e adoravam a deusa. Eram povos que cultivavam a energia feminina – representada no livro pela figura do cálice como fonte de vida – e certamente conseguiam o equilíbrio com uma saudável energia masculina.

A realidade de paz e prosperidade dessas grandes civilizações agrícolas começaria a mudar com a ação dos povos nômades, que buscavam sobreviver. Há cerca de 7 mil anos, surgem movimentos de invasões e destruição, comprovados pelos achados arqueológicos. Esses povos periféricos instauraram a dominação pela força, trazendo consigo seus deuses guerreiros masculinos, impondo suas ideologias e seus modos de vida às culturas que conquistavam.

Em muitas regiões a arte desapareceu, causando estagnação e regressão cultural e dando espaço para o advento de tecnologias de destruição, incrementando o desenvolvimento da metalurgia do cobre e do bronze. O cálice era superado pela espada, e nesse período da história do *Homo sapiens* a energia masculina (inclusive em seu aspecto negativo, o *downside*) ocuparia o espaço predominante no mundo, moldando de maneira determinante os capítulos vindouros da trajetória da humanidade.

Entre os povos nômades invasores – com seus deuses guerreiros – estavam os semitas, chamados de hebreus, cuja concepção do mundo e da vida foi representada pela importante religião judaica, que daria origem, mais tarde, a outras duas grandes religiões monoteístas, o cristianismo e o islamismo, todas tendo como divindade a figura masculina e poderosa do Deus criador. Essas três religiões, que carregam consigo a superioridade da energia masculina sobre a feminina, moldaram o pensamento, o comportamento e, portanto, a cultura de uma imensa parcela do mundo ocidental e oriental, definindo muitas das estruturas nas quais estamos inseridos atualmente.

Tal predominância da energia masculina pela força, guerra, hierarquia e controle ainda foi reforçada em alguns momentos críticos da nossa história. A revolução científica do século XVI – já citada nos capítulos anteriores – e, um pouco mais tarde, o iluminismo – movimento intelectual e cultural da Europa dos séculos XVII e XVIII – trouxeram a priorização absoluta da razão e da técnica sobre outros aspectos fundamentais da existência humana, como emoção, intuição e afetividade. O próprio termo "iluminismo" se refere à luz que a razão colocaria sobre as trevas que a Idade Média com seu misticismo e dogmatismo, trouxe ao mundo. Quando René Descartes declarou o já mencionado "Penso, logo existo", consolidava-se a convicção de que era a força do yang – o princípio masculino – que, soberana, nos conduziria à luz do paraíso.

Tal mentalidade permeou todos os aspectos do mundo – sobretudo o ocidental –, inclusive a economia, com a racionalidade ao serviço do capital. As organizações foram concebidas e estruturadas a partir da predominância do princípio masculino: razão, eficiência, resultados acima de tudo, competição acirrada, hierarquia, controle e acúmulo. Até hoje (incrivelmente) são esses os pilares que fundamentam e dominam nossas estruturas organizacionais e econômicas.

Quando olhamos com mais atenção e cuidado para essa síntese histórica, fica claro de onde vem a mentalidade ainda predominante nas organizações que prioriza o princípio masculino, ofuscando a energia feminina. Ao olhar somente para uma polaridade, ignorando a sua complementar, obtemos os piores resultados, o espaço do *downside*, como vimos no capítulo anterior ao trazer a abordagem de Barry Johnson. O único caminho possível para a evolução é o do equilíbrio entre essas duas forças. E o mundo parece não ter entendido que, ao escolher yang sem considerar yin, obtém-se somente estagnação e involução.

A melhor equação possível: Masculino+Feminino = Plenitude

Pierre Weil, em seu excelente livro *O fim da guerra dos sexos* (2002), confirma o que acabei de expor ao argumentar que o mundo organizacional foi dominado pela energia masculina que, segundo ele, se caracteriza pelo raciocínio predominantemente lógico, com uma gestão focada exclusivamente na eficiência e no lucro. Planejar, organizar, estruturar, produzir com eficiência para obter cada vez mais e melhores resultados é o *modus operandi* das organizações que focam prioritariamente no princípio masculino, que o autor denomina de "M".

Já a energia feminina – denominada por Weil de "F" – se expressa nas qualidades de afeto, ternura, comunicação acolhedora, solidariedade, participação, espírito de equipe, renovação e inovação.

A proposta do autor é buscar a união dos eixos, em uma resultante que ele chama de *plenitude*, o encontro MF. A plenitude se alcança por uma *gestão holística*, na qual se obtém resultados com eficiência e estruturação ao mesmo tempo que se estimula intensamente o espírito de equipe, a participação horizontal e colaborativa, a criatividade e a inovação (Weil, 2002, p. 183-193). Como temos refletido nos últimos capítulos, se trata da sabedoria da ambiguidade, a união dos polos complementares que gera uma terceira realidade, mais rica e evoluída.

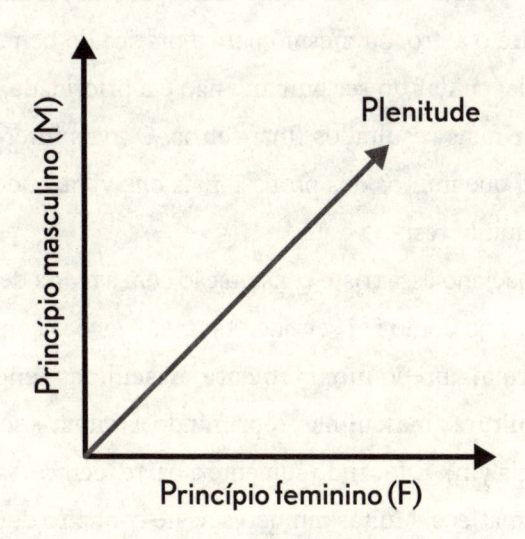

Plenitude: resultado do encontro do Masculino com o Feminino, segundo Pierre Weil.

Esse nível mais sábio e rico só será alcançado se realmente dermos a mesma importância para ambos os polos, entendendo que são fundamentais para evolução organizacional e social.

Lembro-me que algumas vezes ouvi profissionais da área de gestão de pessoas (apoiados muitas vezes por meus colegas consultores) argumentarem algo assim: "Não estamos investindo nas pessoas porque somos bonzinhos, mas porque isto gera melhores resultados". Ora, essa é uma mentalidade reducionista, parcial e pobre, que mostra que muitos profissionais da área que deveria focar em pessoas acabaram transformando o "humano" em "recurso".

Ao olhar para atividades de desenvolvimento humano como simples recursos para obter melhores resultados, esses profissionais dão um peso maior ao princípio masculino, reduzindo o polo feminino a um mero instrumento para servir ao polo preferido. Ao menosprezar a atenção ao aspecto humano, esses profissionais – paradoxalmente da área que lida com pessoas – estão reforçando décadas de mentalidade de gestão que vê o universo organizacional como um espaço de razão pura, onde não há lugar para o afeto, ou mesmo para a prática do bem. De acordo com a fala citada, cuidar do ser humano não é a prioridade, mas só faz sentido se gerar mais resultados financeiros. O mais interessante – e preocupante – é que muitos dos profissionais que vi fazendo aquele comentário eram mulheres.

Quando relaciono essa triste constatação com a teoria de Jung sobre *anima* e *animus*, vejo como faz sentido. As organizações compostas por autoridades formais predominantemente masculinas (energia yang) consolidaram culturas masculinas, reprimindo a anima – seu princípio feminino (energia yin) –, focando somente a parte técnica, racional e os resultados pragmáticos. Muitas mulheres neste contexto dominado por homens acabaram exaltando a parte negativa de seu animus, a energia masculina em sua manifestação exagerada, sem integrá-la saudavelmente à sua porção feminina. O resultado não poderia ser diferente do que a predominância do *downside* do princípio masculino (yang) na maioria das organizações ao longo de décadas.

Por isso não me surpreende que no universo organizacional ainda se utilize – em pleno século XXI – o título "recursos humanos" para a área que lida com pessoas. Quando se olha para as pessoas como meios para obter melhores resultados, está claro que o humano será reduzido a recurso. A área que deveria irradiar o melhor do yin/feminino acabou sendo dominada pelo *downside* do yang/masculino.

As consequências dessa predominância do *downside* do yang em muitas culturas organizacionais logo apareceram para mim quando os profissionais dessas organizações se mostravam pessoas muito ansiosas, nervosas, que viviam pressionadas. As atividades de desenvolvimento das quais eu participava não tinham, para muitos, valor *em si mesmas*, mas eram simples instrumentos para perseguir, caçar um único objetivo: melhores resultados financeiros. Nesse sentido, se tivéssemos robôs fazendo o trabalho, seria a mesma coisa, já que qualquer recurso é válido quando o que se busca está *fora* da atividade em si.

Outra fala que ainda ouço muito de alguns clientes que contratam meus serviços de consultoria é: "Queremos algo diferente, mas não queremos 'abraçar a árvore'." Quando ouvi essa expressão nas primeiras vezes, fiquei intrigado e busquei entender o que significava exatamente. Descobri que se referiam a atividades mais lúdicas, que propunham exercícios de contato entre as pessoas, contato com a arte, com a natureza, ou que dessem espaço para manifestações de sentimentos. Ou seja, estavam me pedindo atividades diferentes, fora do lugar-comum, mas circunscritas à energia masculina do cartesianismo, dos conceitos racionais e abstratos, das estruturas lógicas, dos instrumentos e das metodologias processuais.

Não é à toa que as empresas correm atrás de inovação com uma grande dificuldade de adaptar-se às novas demandas dos diferentes mercados, gerando enormes prejuízos e impactos negativos em seus resultados, que paradoxalmente é o que mais perseguem. O que eles se acostumaram a chamar de "abraçar a árvore" é o que mais necessitam para evoluir e, ao mesmo tempo, é o que mais rechaçam. As organizações temem o que mais precisam para evoluir e mudar de patamar, analogamente como o indivíduo masculino teme – na visão de Carl Jung – que sua anima coloque em cheque sua masculinidade.

É o *downside* do M continuando a ignorar o F e impedindo-o que se manifeste. Weil chama a atenção, com precisão e sabedoria, para o fato de que "efetividade sem afetividade leva ao estresse" (Weil, 2002, p. 191).

Como mencionei no capítulo 2, os números das patologias psíquicas e emocionais, presentes nas organizações no Brasil, são alarmantes, e não tenho dúvidas de que são fruto de uma abordagem excessiva e obsessiva da energia masculina em seu *downside*, que ignora a importância e os benefícios de integrar o melhor de sua energia complementar feminina.

O útero que gesta a excelência

Um aspecto e condição fundamental para a saúde das organizações vem do princípio feminino e tem suas raízes em iniciativas históricas que remontam ao período pós-Segunda Guerra Mundial. A Europa das décadas de 1940 e 1950 se via impactada não somente pelas atrocidades físicas e materiais do conflito, mas também pelos nefastos efeitos psicológicos nos indivíduos que participaram direta ou indiretamente de tal atrocidade.

Renomados estudiosos europeus e americanos da psicologia e da psiquiatria que atuaram a partir do pós-guerra – como Wilfred Bion, Henry Ezriel, S. H. Foulkes, Fritz Perls, Didier Anzieu e Alexander Wolf – passaram a propor experiências terapêuticas grupais, entendendo que a dimensão individual não era suficiente para lidar com muitos dos problemas e traumas existentes na época. O grupo – nessas experiências – acabava funcionando como uma espécie de "fronteira protetora", capaz de fortalecer os participantes para que pudessem lidar de forma madura com seus problemas e desafios individuais.

Freud, em sua teoria psicanalítica, já havia argumentado que o indivíduo experimenta sua primeira experiência de ruptura e separação quando se afasta do peito da mãe. A vida do sujeito que foi separado, não só do alimento, mas de uma conexão inicial do afeto materno, será marcada pela busca de reconexão, amor e completude. Os processos terapêuticos grupais, que deram origem posteriormente às dinâmicas de grupo, surgiram como campos coletivos seguros, funcionando como uma espécie de útero. Neles, os participantes estabelecem fortes conexões e vínculos, uma característica do princípio feminino.

O estudo da psicologia começou com um foco mais individual e foi gradualmente incluindo o universo coletivo, até ganhar a forma da ciência posteriormente denominada Psicologia Organizacional.

Essa breve síntese histórica nos ajuda a entender a origem e a recente difusão de um conceito cada vez mais presente na literatura organizacional e nas culturas empresariais, a segurança psicológica, que se caracteriza por um ambiente aberto e de confiança onde as pessoas podem se expressar livremente – e com equidade – sem receio de serem julgadas ou reprovadas.

A autora e professora Amy Edmondson menciona uma conhecida experiência feita pelo Google, que queria entender por que algumas equipes operavam com excelência enquanto outras performavam abaixo do esperado, sendo que todos os times eram formados por pessoas igualmente capazes. Ao final do estudo, descobriram que o principal fator de sucesso para algumas equipes era a promoção e a manutenção da segurança psicológica. O mais interessante foi constatar que tais equipes não deixavam de errar, mas consideraram os erros como sua principal fonte de aprendizagem e evolução. Como o ambiente estava sustentado por confiança e colaboração mútua, sem julgamentos ou censura, os membros da equipe se sentiam à vontade para tentar, testar e errar, sabendo que todos aceitariam e acolheriam as iniciativas como caminho de crescimento e adaptação (Edmondson, 2020).

Já refleti sobre esses elementos quando tratei – no capítulo 5 – da inteligência coletiva propiciada pela comunicação consciente em grupos. A segurança psicológica é o lubrificante que permite este nível superior de coesão das equipes.

Uma constatação relevante da pesquisa do Google foi que o estímulo e o cultivo da segurança psicológica trazem resultados tangíveis para o negócio. A relação foi devidamente documentada com números e indicadores concretos e mostra que, quando mencionamos a importância de um princípio feminino como a segurança psicológica, não estamos propondo a predominância da energia yin nas organizações, em detrimento da energia yang. Esse *útero maternal* é importante para complementar-se com o princípio masculino dos resultados, da eficiência. Os dois polos são necessários para reforçar a essência e a importância de cada um. Um contexto de segurança psicológica sem o princípio masculino da produtividade poderia cair no *downside* de um ambiente agradável, amistoso, confortável, sem nenhum vínculo com qualquer fruto concreto de resultados para a organização.

A condição para a existência da segurança psicológica nos diversos contextos organizacionais é – como mencionei – a confiança entre os membros da coletividade. Ela permite a colaboração intensa entre os indivíduos e estimula as pessoas a agirem sem se preocupar com julgamentos, expectativas ou reações alheias. Em ambientes de confiança, os temas que precisam ser tratados são nomeados, mesmo que isso implique em desconforto ou tensão momentânea. Grande parte dos desafios coletivos demanda coragem e transparência dos indivíduos para trazer à tona os temas conflitivos. A confiança entre as pessoas garantirá a fronteira segura, que Ronald Heifetz chama de *ambiente de sustentação*, um verdadeiro *contêiner* que permitirá ao grupo tratar com maturidade e consciência seus desafios adaptativos.

E como saber se um ambiente é confiável? Recentemente, eu estava facilitando uma atividade grupal que estimulava conversas difíceis e adaptativas, quando começamos a ouvir com frequência que o maior problema do grupo era a falta de confiança, e que isso impedia as conversas francas. Até que, em dado momento, um membro do grupo, visivelmente incomodado, questionou o fato de usarem a falta de confiança como um álibi para não começar a confiar. Ora, se vamos esperar que a confiança aconteça repentinamente em nossos contextos, talvez nunca cheguemos a experimentar a segurança psicológica. O ambiente de sustentação, garantido pela confiança, se obtém *confiando*, em gerúndio. Ao confiar, dando o primeiro passo mesmo sem garantias, construímos confiança.

Além de confiar se jogando num vazio, há formas de estimular a confiança em um grupo. Um meio que utilizo muito em meus trabalhos grupais é o que costumamos chamar de "regras de convivência", ou seja, o código de comportamento que o grupo decidirá para operar com excelência. Ao definir as regras de conduta, registramos esse conteúdo à vista de todos e o deixamos exposto ao longo de todas as atividades para que seja um balizador e regulador dos comportamentos dos participantes.

Uma vez facilitei um encontro de sócios e líderes de uma empresa no qual pude experimentar a efetividade de definir as regras de conduta de um grupo. Os principais sócios eram um casal que estava vivendo um período de difícil convivência e comunicação, causando problemas para as diferentes lideranças e suas equipes. Ao começar a atividade, a primeira ação que fizemos foi elaborar as regras de convivência. Fiquei impressionado com a adesão e o protagonismo deles uma vez que definimos aquele conteúdo. Um dos principais tópicos se referia ao respeito à fala do outro: não julgar ou censurar *a priori*, esperar as pessoas terminarem de falar, escutar com atenção. Quando isso não acontecia, eu lembrava o acordo coletivo, e voltavam a um comportamento mais consciente. Em um determinado momento, senti que não precisávamos mais lembrar os acordos, porque eles já haviam sido introjetados no comportamento natural dos participantes.

Em um certo momento da atividade, observei, realizado, o casal em um exercício de verdadeiro diálogo, conversando em voz baixa, com intenso contato visual, escuta ativa, amorosidade e respeito. Ao final do evento, na roda de conversa conclusiva, o sócio e marido me perguntou se eu tinha feito uma atividade "espiritual" ou se eu tinha "poderes especiais" para conseguir aquele resultado. Minha resposta foi que utilizamos o poder da confiança, do vínculo verdadeiro, o amor sincero, que, apesar de banido sumariamente das organizações, ainda permanece como principal fator para maturidade, evolução e excelência dos grupos de trabalho.

O líder formal – gestor de uma equipe – tem a possibilidade de propor atividades e regras de condutas do dia a dia que estimulem a segurança psicológica. Há diferentes iniciativas e ideias possíveis, como a distribuição da fala sem um condutor formal de uma reunião ou o debate de pautas amplas, que não tratem somente da racionalidade do trabalho e que incluam aspectos mais pessoais, inclusive emoções e o estado de espírito dos membros do grupo. O reforço do propósito e da visão da equipe também estimulam o fortalecimento de vínculos e o sentimento de coletividade. A gestão do conhecimento e a troca de saberes, a mentoria mútua, também são um caminho fértil para estimular a confiança e a segurança psicológica.

Neste momento da história, em meio a desafios tão complexos, é mandatório resgatar o princípio feminino, que foi consistentemente descartado do universo organizacional. Mas fazê-lo como complemento ao princípio masculino, não como substituto. As empresas não serão mais evoluídas ou conscientes se forem femininas, mas se conseguirem unir o masculino e o feminino numa energia que Weil, como vimos, sabiamente denominou de *plenitude*.

Que Eros nos inspire...

Uma boa maneira de concluir a reflexão deste capítulo é com um trecho de O *Banquete*, de Platão, em que Aristófanes – poeta ateniense contemporâneo de Sócrates – busca explicar a origem e missão de Eros (o deus do amor) no mundo:

> Outrora nossa natureza era diferente da que é hoje [...].
> Os homens possuíam formas redondas, tinham costas e flancos a seu redor, quatro mãos e quatro pernas, duas faces semelhantes sobre um pescoço redondo [...] quatro orelhas, dois órgãos de geração e tudo o mais na mesma proporção [...].
>
> Seus corpos eram robustos e vigorosos e sua coragem muito grande. Isso inspirou-lhes audácia e resolveram escalar o céu e atacar os deuses [...].
> Zeus e as demais divindades refletiram muito sobre o que podiam fazer com os revoltosos [...].
>
> Depois de longa meditação, falou Zeus: "Creio que encontrei um modo de permitir que os homens existam, mas domesticados: cortarei cada um deles em duas partes [...]; ficarão mais fracos e numerosos para nos servir. Caminharão tesos sobre duas pernas apenas".
>
> Depois disso Zeus cortou os homens, assim como cortamos as frutas para conservá-las [...].
>
> Assim seccionada a natureza humana, cada uma das metades pôs-se a procurar a outra. Quando se encontraram, abraçaram-se e se entrelaçaram num insopitável desejo de novamente se unirem para sempre [...], separadas não queriam nada mais fazer [...].
>
> É daí que se origina o amor que as criaturas sentem umas pelas outras; e esse amor tende a recompor a antiga

> natureza, procurando os dois fazer um só, e assim restaurar a antiga perfeição [...].
>
> O amor é o desejo e a ânsia dessa completação, dessa unidade.
>
> **(Platão, 2005, p. 120-124).**

Conectando esse brilhante trecho da obra de Platão com o que refletimos neste capítulo, entendemos que a abordagem proposta por tantos pensadores se insere em um nível simbólico e arquetípico, que vai muito além dos gêneros masculino e feminino. Essa é uma excelente analogia para o desafio de *re-unir* yin e yang no nível da plenitude, algo que só Eros, o amor, pode realizar. A saúde e a perenidade das organizações – e da sociedade em geral – dependem de nossa sensibilidade e coragem para permitir que essa *re-união* aconteça.

CAPÍTULO 8

FRIEDRICH NIETZSCHE E CONVIDADOS

Além da Razão Pura: a potência das culturas dionisíacas

O deus diferentão

Dionísio é um dos deuses gregos mais peculiares. Começando por sua própria origem, já que é o único olimpiano filho de uma mortal.

Zeus, seu pai, aproximou-se de Sêmele – princesa de Tebas – como um mortal, pois nenhum ser humano pode ver um deus como ele é de verdade. Hera – a esposa de Zeus –, ao perceber a traição, encheu-se de fúria e, disfarçada de mortal, foi ao encontro de Sêmele, que então estava grávida de Zeus. Hera a provocou e revelou que seu amante não era deus, mas um impostor. Sêmele, impactada, pediu a Zeus que se revelasse em todo o seu esplendor e o deus, depois de muito hesitar, acatou o pedido da amada. Ao se manifestar em seu estado original, com todo seu esplendor, entre raios, trovões e fogo, Zeus provocou um grande incêndio, que custou a vida de Sêmele. Milagrosamente o bebê sobreviveu e foi salvo pelo deus Hermes, que o guardou dentro da coxa de Zeus. Por isso diz-se que Dionísio nasceu duas vezes: primeiro de uma mortal e, depois, do rei dos deuses. Daí a natureza parcialmente divina e mortal deste deus tão original.

Depois que Dionísio nasceu da coxa de Zeus, Hermes o levou para longe da vingativa Hera, e assim ele se tornou um deus errante. Diz-se que Hera, tomada pela ira e pelo desejo de vingança, o fez louco. Vagando por várias partes da Terra, o deus peregrino descobriu o vinho ao espremer um cacho de uvas entre seus dedos. Em sua jornada, era acompanhado por diferentes criaturas, como sátiros, centauros e ninfas, que tocavam flautas, dançavam e bebiam muito vinho. Seu mestre era Sileno, um ancião que, apesar de viver embriagado, era possuidor de grande sabedoria.

Dionísio decidiu, então, voltar à sua terra natal, levando o seu culto ao seu lugar de origem. Mas, ao entrar em Tebas, ninguém acreditou que ele era filho de Zeus, e, sob a liderança de Penteu – rei de Tebas –, conhecido pelo culto à ordem e às normas, afugentaram-no como se ele fosse um leproso. Dionísio escondeu-se na floresta, envergonhado por ser rejeitado em sua própria cidade. Era nativo, mas ao mesmo tempo, por ser diferente, foi recebido e tratado como um marginal.

Decidido a não se resignar, o deus reuniu seu cortejo, acendeu uma fogueira e, ao som das flautas, dirigiu-se a Tebas, seguido pelas mênades, loucas que o acompanhavam, intoxicadas, libertinas e violentas. A trupe entrou na cidade, contagiando todas as mulheres que, embriagadas, passaram a adorar o deus marginal. Penteu, ao ver o sequestro em massa, foi ao encontro do grupo. Embora estivesse disfarçado de mulher, foi reconhecido, e atacaram-no com fúria e violência. As mulheres, entre elas sua mãe, o despedaçaram, erguendo sua cabeça como troféu.

Dionísio então disse ao povo que viera revelar o lado escuro que escondem atrás dos costumes, e afrontar este lado só pioraria as coisas: acolhê-lo seria o caminho da salvação. Disse também que Zeus ensinou que a verdadeira loucura é desejar uma cidade perfeitamente virtuosa e racional. Só os deuses conhecem a perfeição.

O deus protagonista da nossa breve narrativa representa o que é irrestrito, visceral, caótico, irracional e, ao mesmo tempo, pulsante, verdadeiro e pleno. Ele revela o impulso misterioso dentro de cada um de nós, o que nos impele para o desconhecido. Sua trajetória mostra como as forças instintivas podem trazer o pulsar da vida. Ele representa o encontro de forças aparentemente contrárias como o belo e o feio, o harmonioso e o dissonante, o perfeito e o defeituoso, o mortal e o imortal. É nesta síntese que a vida se revela, e ocultar essa tensão entre os opostos é viver uma falsidade que cobrará o seu preço. A vida livre é a que incorpora a sombra num drama em que a luz convive com a escuridão. A verdade acontece e se revela na dialética entre esses dois mundos.

E, nessa lógica, a principal lição que Dionísio nos deixa é que é preciso preservar-nos de dois excessos: ser completamente racional ou completamente irracional. É necessário acolher a razão e a ordem junto ao caótico, o imprevisível e irracional, para sermos livres e atingirmos a vida plena.

Dai-me um martelo e te farei livre

Já citei Friedrich Nietzsche brevemente no capítulo 2. Este filósofo alemão, que viveu no fim do século XIX (1844-1900), dizia que havia nascido muito cedo, que viera ao mundo uns duzentos anos antes de poder ser compreendido; "eu nasci póstumo", dizia nosso modesto convidado.

Já em sua primeira obra – *O nascimento da tragédia* – invocou Dionísio como o mensageiro de uma vida mais rica e verdadeira, algo que é possível ver na tragédia grega, assim como nas artes e na música, expressões claras da aptidão dionisíaca.

Ele contrapõe Dionísio a Apolo, o deus da aparência, harmonia, estética e beleza. A embriaguez dionisíaca desconstrói a ordem apolínea, trazendo um mundo de simbolismo corporal, emocional, visceral. Ao mesmo tempo, o feio, o dissonante, o irracional dionisíaco se encontra em um prazer estético que também invoca algo de Apolo. Os dois deuses representam impulsos artísticos presentes na arte e na música em proporção recíproca. Mas é Dionísio quem dará o tom da libertação do homem. Como diz o filósofo:

> O homem não é mais artista, tornou-se obra de arte: a força artística de toda a natureza, para a deliciosa satisfação do Uno-primordial, revela-se aqui sob o frêmito da embriaguez [...].
>
> Cantando e dançando, manifesta-se o homem como membro de uma comunidade superior: ele desaprendeu a andar e a falar, e está a ponto de, dançando, sair voando pelos ares.
>
> **(Nietzsche, 2019, p. 28).**

Para Nietzsche, Dionísio, com sua invocação à sensualidade, ao prazer e aos instintos, liberta o homem dos limites da normalidade e da padronização para alçá-lo às alturas de uma vida que merece ser vivida, por ser mais verdadeira e pulsante. O filósofo foi capaz de palpar isso ao conhecer seu amigo e genial músico Wagner, que com suas óperas resgatava os mitos trágicos trazendo uma dissonância musical que remetia à própria dissonância da alma do homem, mostrando a tensão entre o apolíneo e o dionisíaco[16].

---

16. Ver PRIEDEAUX, Sue. *Eu sou dinamite: a vida de Friedrich Nietzsche*. São Paulo: Planeta do Brasil, 2019.

A primeira obra de Nietzsche acabou sendo um abre-alas para a linha mestra de toda sua filosofia, que se desdobraria ao longo dos anos. Para ele, dionisíaco é viver a vida em toda sua intensidade, aqui e agora, com tudo o que ela traz de possibilidades e amplitude. Para isso, é preciso invocar o que ele chama de *forças ativas* e acessar a *vontade de poder*, a energia potencial que todo indivíduo tem para afirmar o seu melhor ser, assim como o que é belo, prazeroso, superior. Alcançamos isso abraçando toda a beleza do mundo, que inclui também suas feiuras e dissonâncias.

Para acessar essa vida superior, é preciso *bater com o martelo nos ídolos*, as instituições com suas normas e dogmas que buscam formatar o ser humano em uma vida previsível, insossa, afastada do presente por promessas futuras. A vida de rebanho e o conformismo dos fracos leva ao não viver, ao niilismo, a abrir mão do aqui e agora para posicionar-se em um futuro que talvez nunca chegará.

O nosso maior desafio, para Nietzsche, é "harmonizar as forças que se encontram em nós para, a exemplo do artista, alcançar a intensidade máxima da vida" (Ferry; Capelier, 2017, p. 266). A missão da arte é precisamente representar o real com toda sua multiplicidade, sua beleza, estética, toda a riqueza de sua manifestação, que inclui paixões e o instinto. Não podemos ignorar ou eliminar os subterrâneos da nossa existência, e a arte nos remete a esse universo de maneira visceral.

Não é possível – conforme Nietzsche acenou em algumas de suas obras – aniquilar a ordem, a estética de Apolo, mas quando observamos a história, concluímos que a opção das grandes instituições que governam o mundo foi exagerar no apolíneo. Elas insistem na racionalização, acabando com a multiplicidade incoerente das pulsões que vivem em confronto e que nos movem profundamente. Se pensamos em Picasso, por exemplo, vemos um artista que na maturidade da sua carreira trouxe um mundo desestruturado, caótico, despojado do tipo de beleza e de unidade que grande parte das obras de arte anteriores buscavam. Mas é daí que surge uma nova beleza, mais aderente à vida que testemunhamos e, por isso mesmo, mais significativa e arrebatadora.

Nietzsche mostra que o universo dionisíaco é o único capaz de *devolver a vida* a um homem que ficou anestesiado pela moralidade oca das instituições.

Organizações apolíneas: saberes sem sabores

Já refleti algumas vezes, nos capítulos anteriores, sobre os efeitos da racionalização do mundo, que atinge o ápice na revolução científica, no "penso, logo existo" de Descartes, desembocando na revolução industrial, até chegar ao modelo de pensamento e comportamento que até hoje impera na maioria das organizações. Essa racionalização é, precisamente, a opção por Apolo puro, uma escolha que formatou as empresas como estruturas frias, mecânicas e assépticas. Não é à toa que o grande pensador Max Weber (1864-1920) se referiu aos profissionais dessas organizações como "especialistas sem espírito", vítimas de um viés racional que exclui o prazer, as emoções, a intuição e o sentido.

Vejo isso em minhas constantes intervenções organizacionais. Uma consequência da racionalização apolínea à que me refiro é a instrumentalização dos conteúdos e iniciativas. Certa vez eu visitei uma executiva de Gestão de Pessoas de uma empresa cliente para conversarmos sobre um trabalho que eu faria em algumas semanas. Ela pediu cinco minutos antes de entramos no nosso tema e, com um sorriso irônico no rosto, me mostrou um documento de uma empresa de consultoria com propostas para o que deveria ser a estratégia de sua área. Ela foi passando uma série interminável de slides de PowerPoint, com gráficos, tabelas de Excel, caixinhas, setas, fluxos, tudo perfeitamente detalhado e estruturado. Era um oceano de processos, estruturas, recursos, sem um pingo de humanidade (ou mesmo, de realidade). Ao final, a cliente fechou seu computador e me dirigiu um olhar que parecia dizer: "O que faço com isso?".

Sim, nos perdemos em um mar de fluxos e tabelas e nos estagnamos quando abolimos e ignoramos o fator humano – as relações interpessoais, a intuição, empatia, criatividade – das organizações. As consultorias processuais continuam ganhando rios de dinheiro, mas os problemas permanecem os mesmos. A excessiva instrumentalização – filha da obsessiva racionalização – afasta-nos da realidade do presente, do fenômeno que acontece debaixo de nosso nariz, com suas luzes e sombras, suas sutilezas que pedem um olhar mais refinado. As abstrações do PowerPoint nos projetam um mundo ideal bem distante do real, o mundo verdadeiro em que vivemos e que é múltiplo em manifestações e matizes.

Grande parte de nossas organizações se estagnaram nas amarras da razão pura cristalizada pelo cientificismo. Essa escolha é limitante e empobrecedora. Como refletiu Rubem Alves (1933-2014), as ciências e as fórmulas burocratizaram o saber porque pretendem ser o único caminho para gerar conhecimento (Alves, 2011).

O poeta da simplicidade, Manoel de Barros (1916-2014), escreve com arte versos que traduzem bem essa reflexão:

> A ciência pode classificar e nomear os órgãos de um sabiá
> mas não pode medir seus encantos.
> Quem acumula muita informação perde o condão de
> adivinhar: *divinare*.
> Os sabiás divinam.
>
> **(Barros, 1996, p. 53)**.

Os sabiás podem ser grandes mestres para nossas organizações: *divinar*, viver no encanto de uma vida que é vivida no eterno presente, com suas riquezas e feiuras, em um constante devir que é a aventura da existência. O encanto está nas *cores* verdadeiras da empresa, nos erros que podem ser plataformas para ideias geniais, nos talentos dos colaboradores que muitas vezes passam desapercebidos, na infindável capacidade de criatividade, muitas vezes abafada pelo "sensato", pelo "viável" ou, pior, pelo politicamente correto.

T.S. Eliot reforça essa limitação universal em seu desabafo:

> Onde está a vida que perdemos no viver?
> Onde está a sabedoria que perdemos no conhecimento?
> Onde está o conhecimento que perdemos na informação?
>
> (**Eliot, 1952, p. 96**).

Como o inspirado Rubem Alves nos provoca, a sabedoria se perdeu nos "saberes" cartesianos deste mundo. Ele ainda nos lembra que a palavra *sapere* tem a mesma raiz que *sapore*, sabor, por isso o saber tem que acontecer pelo gosto, a experiência de todos os sentidos juntos, incluindo o prazer de viver aquele momento ou evento com tudo o que ele traz (Alves, 2011, Cap. 5).

Eu busco organizações *saborosas* que se atrevam a ultrapassar o limiar do fazer previsível, burocrático e calculado. E vejo a liberdade e a leveza das empresas que adentram o portal da sabedoria de corpo inteiro, que aceitam o caos temporário da incerteza como caminho para uma nova realidade, mais evoluída e rica. Para isso, é preciso, ainda segundo Rubem Alves, a coragem de "desaprender os saberes acumulados a fim de aprender a sabedoria não dita do corpo" (Alves, 2011, p. 80).

Esse passo corajoso requer a decisão de superar de vez o *status quo* de uma cultura de rotina, engessada em metodologias abstratas e declarações genéricas. O salto que deixa para trás de vez o modo de existir "normótico", a *patologia da normalidade*: "Um conjunto de normas, conceitos, valores, estereótipos, hábitos de pensar ou de agir aprovados por um consenso ou pela maioria de pessoas de uma determinada sociedade, que levam a sofrimentos, doenças e mortes" (Weil; Leloup; Crema, 2011, p. 18).

O problema da *normose* é ser um estado considerado bom, seguro, "normal", quando é limitante e perigoso. O padrão de trabalhar longas jornadas – que vem desde os primórdios da revolução industrial – é considerado não só normal, mas necessário pela maioria das organizações de hoje. Além da longa carga horária, há ainda uma pressão descomunal sobre resultados, fruto de uma exigência que nasce nos acionistas e donos do capital. Um trabalho muitas vezes frio, rotineiro ou mecânico, que separa o ser humano do profissional que o exerce. Se como consequência milhões de pessoas adoecem ou sofrem de *burnout*, normaliza-se a doença, e nada é feito para mudar o ciclo vicioso.

Vivemos o grande desafio de reconhecer a normose que nos cerca a fim de superá-la. Nesse sentido, vejo com bons olhos um movimento (ainda lento) de algumas empresas que optam pela redução da carga de trabalho, abrindo espaço para a saúde dos colaboradores, o equilíbrio, a criatividade, a inovação, a ludicidade, garantindo ambientes mais prazerosos e pulsantes e, consequentemente, melhores resultados.

A ruptura com um passado que chegou à estagnação é a ação que, segundo Nilton Bonder, é impulsionada pela *alma imoral*: o sopro de renovação e transgressão que vai além do *espaço estreito* da convencionalidade paralisante; a substituição de um antigo "correto" por um novo "bom", que, na maioria das vezes, é visto como inadequado (Bonder, 1998).

Mas a alma imoral só terá voz nas organizações se houver espaço para trocas criativas e experiências inovadoras, onde as práticas estabelecidas sejam questionadas e novas ideias sejam propostas, livres de julgamento ou censura. Espaços onde se honre a expressão "e se...?". A alma imoral abre caminho para futuros mais adaptativos, o mundo fora da caverna da normose, o sopro de vitalidade e possibilidades que Dionísio nos traz com sua liberdade e lealdade ao que pulsa.

Uma forma mais divertida (e efetiva) de obter resultados

A sabedoria da vitalidade, da pulsação, pode ser resgatada ou acessada de muitas formas, como venho propondo, mas há um elemento chave para intensificar o dionisíaco nas organizações: o cultivo da ludicidade. Johan Huizinga, em sua clássica obra *Homo ludens*, argumenta que o brincar e o jogar são anteriores às culturas, e pertencem ao comportamento mais essencial do *Homo sapiens*. A humanidade se desenvolveu e evoluiu a partir de sua capacidade de brincar e jogar (Huizinga, 2019).

O racionalismo extremo que invadiu nossas sociedades e organizações acabou relegando ao brincar um aspecto menor ou menos importante, tratando-o como uma ação infantil, muitas vezes associada à imaturidade ou falta de responsabilidade, uma atividade *não séria*.

O mundo contemporâneo se descolou do poder do brincar, que sempre esteve muito presente em nossa evolução. O ser humano passou a ser o único mamífero que parou de brincar ao tornar-se adulto, como sinaliza Stuart Brown em seu excelente livro *Play* (Brown, 2010).

Paradoxalmente, como mostra Brown, a capacidade de brincar e jogar melhora nossa performance, porque traz leveza ao nosso atuar, estimula a flexibilidade, a abertura a novas possibilidades e caminhos. É o laboratório no qual novas sinapses e circuitos neurais são estimulados. É o espaço por excelência que viabiliza a criatividade e a inovação, além de propiciar prazer àquilo que fazemos. Diz o autor: "No brincar podemos imaginar e experimentar situações que nunca encontramos antes e aprender delas. Podemos criar possibilidades que nunca existiram, mas que podem existir no futuro. Fazemos novas conexões cognitivas que passam a fazer parte de nossas vidas" (Brown, 1998, p. 34).

As crianças que brincam livres e soltas são os maiores mestres do poder da ludicidade. Testam ideias, caminhos, estruturam protótipos, tudo com tranquilidade, e veem algo interessante emergir a partir do momento em que começam a brincar. As organizações aprenderiam muito se contratassem crianças para suas oficinas de inovação. A formatação do trabalho em processos estabelecidos, controlados, com suas normas exaustivas, inibem a criatividade, que tem no brincar o seu carro-chefe. E uma gestão que censura e pune o erro só limita ainda mais qualquer possibilidade de novas criações. A criança não se preocupa em errar porque sabe que isso faz parte da jornada.

Uso com frequência peças de Lego em minhas aulas e trabalhos nas empresas. Na dinâmica que mais utilizo, peço aos alunos ou colaboradores que prototipem em quinze minutos uma solução para uma necessidade real de mudança em suas empresas. No início, muitos reclamam do tempo escasso, mas eu ignoro as reclamações, lembrando-lhes de que já fizeram uma análise prévia e um diagnóstico da situação a ser mudada. Quando as vozes se aquietam, coloco as peças sobre as mesas dos grupos, e aos poucos as pessoas vão tocando no material – no início, um pouco tímidos, mas gradualmente vão se soltando. Em dado momento, observo que estão imersos na atividade sem ver o que acontece em volta, engajados como as crianças costumam estar quando brincam. Entre risadas e assombros, vão montando os blocos de peças, testando o tempo todo, desmontando o que não ficou bom e remontando. Assisto de camarote a uma amostra de como a brincadeira pode ser efetiva, séria, no sentido de gerar um resultado positivo, ao mesmo tempo que extremamente leve e prazerosa. E, para minha realização, até hoje a grande maiorira dos grupos terminou o protótipo no tempo estipulado.

Uma vez, ao final de uma dinâmica como essa, perguntei aos participantes o que fez com que performassem com tamanha destreza e efetividade. Um gerente sênior de um dos grupos disse que, ao mexer nas peças e propor combinações, não viu nenhum olhar de desaprovação ou julgamento; ao contrário, sentiu apoio, aprovação e estímulo. Isso gerou nele uma energia especial para testar, ousar e sair do esperado.

A ludicidade do jogo cria tensão, mas não a pressão ameaçadora do cotidiano organizacional, que provoca medo, ansiedade e retração. A espontaneidade e o não julgamento permitem a fluidez necessária ao surgimento de novos caminhos.

Quando vejo empresas falando obsessivamente em inovação ao mesmo tempo que mantêm suas estruturas hierárquicas, rígidas e julgadoras, tento mostrar que essa conta não fecha. Não tem como fomentar culturas criativas com a armadura de uma estrutura fechada e controlada.

Vejo em meu trabalho como consultor e professor a potência do estado de *playfulness*, termo em inglês que significa um estado de plenitude gerado pela ludicidade, pela diversão. Ao trazer esse estado para as organizações, tenho visto como as pessoas se soltam, se excitam e, entusiasmadas, concebem e propõem soluções inéditas, impensáveis e inimagináveis, se tivessem mantido o padrão previsível e rotineiro dos processos repetitivos.

Junto a alguns parceiros, tenho realizado nas organizações experiências inovadoras e relevantes de *playfulness*. Buscamos inserir a arte nas conversas sobre liderança e estratégia, por exemplo. Um exemplo é quando um artista representa personagens simbólicos relacionados à empresa ou propõe brincadeiras associadas à inovação, entrando na dinâmica real e cotidiana do grupo, facilitando a busca por novos caminhos efetivos.

Percebemos que incentivar o *playfulness* nas empresas passa por incorporar a ludicidade nas questões do dia a dia, nas relações existentes. Assim, evitamos cair na armadilha de uma moda que surgiu há alguns anos em que se insere o jogo e a brincadeira como um descompressor entre atividades "sérias" e reuniões "produtivas". Entendo que há um ganho nesse *modus operandi* mais tradicional, pois os profissionais recarregam suas energias para uma nova bateria de trabalho. Mas este modelo não aproveita o melhor da ludicidade, já que separa cartesianamente o "sério" do "lúdico", o "trabalho" do "não trabalho", como se fossem dois universos isolados. Nossa proposta insere a ludicidade na forma de pensar, agir e produzir, pois acreditamos que seja uma maneira mais rica e qualitativa de trabalhar. Não se trata, portanto, de relaxar com a ludicidade para se recuperar e voltar à dureza do trabalho sério. Trata-se de trazer ludicidade para a própria dinâmica de trabalho e produção.

Como profissional em contato com diversas organizações, ainda vejo a resistência que muitos executivos têm à abordagem lúdica. Certa vez, fui contratado para realizar um encontro de dois dias com o comitê executivo de uma grande organização multinacional. Junto à equipe de Gestão de Pessoas, preparamos um roteiro intenso com um pano de fundo lúdico. Como estávamos em período de Copa do Mundo, pensamos na simbologia da seleção brasileira de futebol, imaginando todas as ricas dinâmicas que poderíamos fazer para chegar a caminhos mais criativos com aquela equipe. Quando estávamos apresentando a ideia ao CEO, ele me interrompeu secamente: "Paulo, nós somos executivos sêniores e sérios, nós não brincamos aqui". Fez-se um silêncio desconfortável na sala, seguido por uma frustração incrédula. Depois do impacto inicial, buscamos nos adaptar ao cliente e acabamos desenhando um encontro super-racional, pragmático, estruturado, que gerou resultados pouco efetivos. Nunca me esqueci dessa cena, já que representou bem o que a maioria das empresas pensa da ludicidade, enxergando-a como algo desimportante e *infantiloide*.

Esse episódio me fez lembrar de uma passagem do clássico *O pequeno príncipe*, no qual nosso principezinho diz ao piloto:

> Eu conheço um planeta onde há um sujeito vermelho, quase roxo. Nunca cheirou uma flor. Nunca olhou uma estrela. Nunca amou ninguém. Nunca fez outra coisa senão somas. E o dia todo repete como tu "Eu sou um homem sério! Eu sou um homem sério!", e isso o faz inchar-se de orgulho. Mas ele não é um homem, é um cogumelo.
>
> **(Saint-Exupéry, 1984, p. 29).**

A seriedade organizacional, com suas somas, fluxos e planilhas, gerou milhares de *cogumelos ambulantes* que nunca cheiraram uma flor; autômatos que vivem para realizar tarefas repetitivas, servindo à burocracia e a um sistema que não ousam questionar, muitas vezes com o único intuito de elevar o valor da empresa para os acionistas, mesmo que isso exija esquecer o fator humano. Gary Hamel expressa muito bem isso:

> Como seres humanos, somos resilientes, criativos e exuberantes. O fato de nossas organizações não apresentarem essas características sugere que, em alguns aspectos importantes, elas são menos humanas que nós. Ironicamente, parece que as organizações criadas por humanos têm pouco espaço para aquelas coisas que fazem de nós, bípedes sem pelos, especiais – coisas como coragem, intuição, amor, diversão e habilidade.
>
> **(Hamel, 2021, p.5).**

Nietzsche é certeiro e genial quando invoca Dionísio com sua loucura divino-humana, como o deus que pode nos salvar dessa inércia que nos acorrentou a estruturas burocráticas e insossas. O deus da pulsão tem o elixir que precisamos para libertar a alma das nossas organizações.

A bem-vinda loucura: nosso fio de esperança

Não trouxe o termo "loucura" por acaso. Dionísio é considerado marginal, estranho, louco, exatamente por não cumprir as expectativas da sociedade estabelecida. Sua loucura consiste exatamente em não ser como os demais, não repetir o que todos fazem, desafiando o *status quo*.

E é isso que o palhaço – o personagem que nos lembra nossa natureza lúdica, transgressora e louca – faz em seu ofício. O palhaço é fundamental para nossa sociedade exatamente por nos lembrar o absurdo que são as estruturas "sérias" que criamos. Com o humor e o riso, ele nos tira da bolha em que estamos imersos, mostrando que não precisamos viver com tamanha apreensão.

Ao sermos provocados pelo louco, nos distanciamos do nosso mundo, olhando-o em perspectiva e dando-lhe o devido tamanho e importância, ganhando poder sobre ele. Nossos desafios passam a ser mais administráveis e conseguimos encontrar novos caminhos. Ao realizar nossa jornada com leveza e suavidade, entramos em fluxo com o universo à nossa volta, captamos seus sinais e chamados.

Ricardo Semler, dono da empresa Semco, relata em seu livro, *Você está louco*, que criou um comitê batizado de *C Tá Loko*, "um foro em que se possam discutir ideias que não decolariam em nenhuma reunião civilizada da empresa [...]. Se ao expor a ideia as outras pessoas não bradarem 'você está louco', não é esse o lugar correto para lidar com a novidade" (Semler, 2006, p. 11).

A iniciativa de Semler foi tão ousada quanto fantástica. Só é possível inovar a partir da loucura. Porque dentro dos limites da sensatez e do que "faz sentido" estão as realidades e ideias que confirmam nossos modelos mentais e opiniões. Nesse lugar, o que há é a repetição do passado, do que já conhecemos, e que, muitas vezes, não funciona mais. A inovação requer o espaço vazio, o terreno do desconhecido, o inexplorado, o jamais visitado. Só o louco é capaz de adentrar esse espaço e, precisamente por ousar fazê-lo, é visto pelos demais como alguém que foi capturado pela insanidade. O agente de mudança – a pessoa que não quer ser mais um repetidor de passados já conhecidos – precisa ser louco.

É interessante ver a quantidade de gênios da história que pensavam ou agiam de forma atípica, muitos deles sendo considerados um pouco anormais ou mesmo insanos. Só para citar alguns, penso em Salvador Dalí, Virginia Woolf, Ernest Hemingway, Edgar Allan Poe, John Nash, Van Gogh, entre muitos outros. Vemos cada vez mais estudos que associam genialidade a algum grau de anormalidade mental ou de comportamento[17].

Mas não é obvio? O que a normalidade pode oferecer-nos se não o já conhecido e, muitas vezes, *normótico*? O normal nunca mudará nada, nunca inovará, só confirmará o que é esperado que se proponha ou se faça. É exatamente por isso que é considerado normal. Já a loucura nos leva a uma espécie de desinibição cognitiva, necessária para encontrar caminhos inéditos e impensáveis pela "sanidade". O louco presta atenção a coisas que geralmente são ignoradas pelos "normais", exatamente por serem estranhas ou mesmo irrelevantes aos olhos destes. Os gênios veem o que a maioria não vê.

Não precisamos ser gênios para mudarmos nossas organizações, mas podemos incorporar um pouco de loucura e ousadia em nosso exercício de liderança se queremos impactar de maneira significativa os ambientes em que estamos inseridos.

O relevante filósofo francês Michel Foucault (1926-1984) dedicou parte importante de sua obra ao tema da loucura. Ele mostrou como as sociedades

---

17. Nassir Ghaemi, em seu livro *A First-Rate Madness* (Penguin, 2011), mostra a interessante conexão entre liderança e loucura, trazendo vários importantes personagens da história que, em algum grau, se afastavam do padrão comportamental, psíquico ou de personalidade esperado pela sociedade.

modernas isolaram a loucura em hospitais e hospícios como uma realidade não desejada para a coletividade, como algo que devia ser controlado e proibido, em uma tentativa de garantir, assim, a ordem e os bons costumes. O foco dessas instituições era o sintoma, não a pessoa, e o critério para o diagnóstico e o isolamento muitas vezes era subjetivo, cultural[18].

Se tentarmos definir o que é normalidade e o que é loucura, veremos que a linha é mais tênue do que parece. Vivemos em um mundo onde os ativos financeiros praticamente mandam na economia do planeta. Esse mesmo sistema, que dá tanta importância ao capital, abriga e aceita diferenças sociais absurdas, com quase 1 bilhão de pessoas em estado de fome.

E o que dizer de um planeta que vai se destruindo em suas reservas ambientais devido a um capitalismo predatório? Como classificar o imobilismo dos países e instituições mundiais, que fazem muito pouco a respeito disso? Podemos chamar de sanidade?

Se pensarmos inclusive nas nossas práticas organizacionais com jornadas de trabalho exageradas e pressões absurdas, com índices alarmantes de crises de ansiedade e *burnout*, com diferenças salariais astronômicas, teremos que repensar nossa classificação do que é saudável e normal do que é loucura.

Este é o momento propicio para sacudirmos nossas organizações com a louca energia dionisíaca: maximizando a diversidade, promovendo a divergência de ideias, garantindo as conversas difíceis, aceitando o erro como trampolim para novas soluções, estimulando a ludicidade e a arte, garantindo o prazer e o desejo nas ações e atividades, trazendo as emoções e a intuição para o acontecer diário, enfim, despertando a vitalidade e o amor à vida, que Nietzsche brilhantemente mostrou serem necessários para um existir superior.

---

18. Ver FOUCAULT, Michel. *A história da loucura.* São Paulo: Perspectiva, 2019.

Mas, para isso, é preciso ter coragem, ser ousado e sustentar o estranhamento que o agente da mudança causará no rebanho. A motivação é uma: vale a pena provocar a evolução nos ambientes áridos que clamam por saudáveis transgressões.

O legado justifica o risco.

CAPÍTULO 9

MARTIN HEIDEGGER E CONVIDADOS

Tecnologia com consciência: ainda é possível sair da Matrix?

A tecnologia no banco dos réus?

Um tema que surge com frequência em algumas matérias de MBA que leciono é a tecnologia. Trago alguns dados, tendências, reflexões que colocam os alunos diante do megadesafio que temos hoje de entender como lidar com a tecnologia de maneira mais consciente e humana.

Certa vez, depois de uma acalorada discussão sobre tendências e rumos de um mundo cada vez mais tecnológico, um aluno se aproximou no intervalo e me disse que, pelo visto, ele era o único que gostava de tecnologia naquela sala. Esse comentário, aparentemente inocente e despretensioso, me impactou, pois não me percebia como um "inimigo da tecnologia". Aquela provocação acabou nos levando a um café depois da aula, quando exploramos o tema de forma mais profunda e dialética.

A premissa com que iniciei a conversa era que eu não podia considerar inimigo o meio que me permitia exercer grande parte da minha profissão. Só conseguimos realizar aquela aula porque havia um sistema tecnológico que conectava alunos presentes com outros online, em participação remota. A partir dessa premissa, desenvolvemos nossa proveitosa conversa. Parte do que conversamos compõe a reflexão deste capítulo, enriquecida pela contribuição de alguns grandes filósofos e pensadores.

Sujeito-coisa

Martin Heidegger (1889-1976) foi um filósofo alemão brilhante, até hoje considerado um dos mais importantes e influentes pensadores do século XX. Ele foi influenciado pela fenomenologia[19], linha de pensamento que busca entender os fenômenos a partir do que se manifesta e emerge, incluindo essencialmente o sujeito envolvido no acontecimento, em vez de partir de uma leitura abstrata, generalista e separada do que acontece no mundo. Essa linha filosófica o fez cunhar um importante conceito: *Dasein*, que significa "ser no mundo", o ser que vai se descobrindo e criando, à medida que vive, as diversas experiências. O ser, para ele, não é uma entidade fixa, acabada, com uma natureza específica, capaz de ser descrita universalmente. O ser é constante realização e invenção, em uma jornada que busca incessantemente o sentido no próprio caminhar. Essa é a dinâmica da subjetivação que todos vivemos.

---

19. Heidegger foi aluno de Edmund Husserl (1859-1938), considerado o pai e fundador da fenomenologia.

Em um século que fervia com o avanço da industrialização, Heidegger observava impressionado como a técnica ocupava os espaços na vida dos indivíduos e das sociedades. Em seus trabalhos, ele chamou a atenção para os efeitos da onipresença da técnica, que tinha como principal consequência a *objetificação* do indivíduo e a supressão de sua subjetividade. Para o filósofo, a *tecnicização* do mundo envolve a pessoa em sua vontade, levando ao abandono de seu ser e atentando contra a essência mesma do *Dasein*.

Nessa primazia de uma razão instrumental, o homem moderno tornou-se, para Heidegger, um "funcionário da técnica" (Ferry; Capelier, 2017, p. 289), levando o projeto humano a se *coisificar*, ou seja, de sujeito livre e poderoso o indivíduo passou a ser objeto passivo.

A supressão de qualquer profundidade do ser foi maximizada pelas fábricas, que instauraram uma criação artificial do sujeito como *matéria-prima*, em um processo no qual a rentabilidade e a produtividade passaram a ser encaradas como um fim em si mesmo.

O homem tornava-se, assim, senhor e proprietário da natureza, que perdia seus encantos e passava a ser "um estoque de objetos materiais sem sentido ou valor" (Ferry, 2007, p. 244). O ser humano, em um afã de controlar o mundo e a natureza, acabou tornando-se um objeto dependente da mesma dinâmica que criou: aí residia o drama do homem moderno, segundo Heidegger. Diz ele, citado por Loparic:

> Visto que o ser humano é a matéria-prima mais importante, pode-se contar com que um dia, com base em pesquisa química contemporânea, serão construídas fábricas para a construção artificial do homem como matéria-prima.

(Loparic, 2004, p.52).

Hannah Arendt (1906-1975) foi aluna de Heidegger (e, posteriormente, sua amante), chegando a complementar e ampliar ainda mais as ideias do mestre com seu pensamento original. Ela cunhou o termo *vita activa*, uma vida que, em sua versão moderna, se torna totalmente absorvida pela atividade laboral dominada pela técnica, gerando o que ela chamou de *alienação do mundo*[20].

Ela denominou o indivíduo sequestrado pelo trabalho e pela técnica de *animal laborans*, um ser que, outrora produtor de utensílios – *Homo faber* – se converteu em um instrumento. Se antes as ferramentas eram servas da mão humana, agora o homem era capturado pela máquina, confundido com ela. Nessa fusão homem-máquina, o sentido do trabalho se perde no fazer produtivo.

Por isso, para a filósofa, é mandatório resgatar o valor intrínseco do ser humano, que, convocado a ser um fim em si mesmo, converteu-se em instrumento. Os objetos da técnica, por sua vez, que deveriam ser instrumentos, também se converteram em fins em si mesmos, recursos de um fazer por fazer, um produzir sem fim que sequestrou nossa humanidade e nos expulsou do paraíso.

E então o homem criou a máquina à sua imagem e semelhança

Refletindo sobre Heidegger e Arendt, penso no antológico filme *Matrix* (1999), com sua mensagem profética do que seria o século XXI. No filme, as máquinas – outrora criadas pelo homem – fizeram uma revolução e passaram a dominar seus criadores, mantendo-os em um sono permanente ao mesmo tempo que os conectavam a um sistema de *software* que criava uma vida virtual na qual tudo o que acontecia não passava de

---

20. Ver ARENDT, Hannah. *A condição humana*. Rio de Janeiro: Forense Universitária, 2010..

um sonho. À medida que o sonho contínuo acontecia, as máquinas eram alimentadas pela energia dos próprios humanos que dormiam.

Essa é a história da máquina dominando o homem e mantendo-o em uma existência virtual, desprovida de subjetividade e sentido. A ironia dessa narrativa é a criatura virar-se contra o criador e subjugá-lo, e esse parece o desenrolar natural do drama que Heidegger revela: uma vez que o homem abre mão da sua subjetividade e essência, objetificando-se, o objeto de sua criação não só o iguala, mas o ultrapassa. No caso do filme, isso só será revertido pela escolha heroica do protagonista da história, que buscará mudar essa realidade junto a seus parceiros de aventura.

O autor contemporâneo Yuval Noah Harari (1976-), em seu livro *Homo Deus*, chama a atenção para uma era em que o homem decide pela primeira vez criar um mundo no qual a tecnologia não o serve, mas o imita e o substitui em quase todas as suas ações (Harari, 2016). O sujeito contemporâneo resolveu brincar de Deus e gerar criaturas que não só realizam trabalhos mecânicos (como sempre foi na trajetória da tecnologia) mas são capazes de pensar, decidir, conversar e, segundo os fundamentalistas tecnológicos, também sentir (o que realmente não ocorre).

Essa obsessão busca elevar a tecnologia de um status de instrumento para o de seres autônomos e livres. Dessa forma, os humanos caem em uma presunçosa ambição de elevar algoritmos a condição de organismos. Tal projeto considera que, se a tecnologia for capaz de reproduzir os circuitos neurais do nosso cérebro, poderemos ter um robô como uma perfeita réplica de um indivíduo humano. Estaríamos então diante de uma nova espécie, pós-*sapiens*, uma "máquina consciente".

Mas essa é uma empreitada impossível porque o ser humano não é uma máquina, é um ser vivo, resultado de bilhões de anos de evolução. Não se transforma um artefato – por mais complexo e inteligente que seja – em um ser vivo, que é fruto de uma vastíssima trajetória de transformações e evolução natural. Apesar de ser o desejo dos seus criadores, e dos materialistas que igualam artefatos a seres vivos, a máquina não terá a consciência e a natureza humana.

Mas, mesmo impossibilitada de replicar o ser humano, a máquina vem avançando a passos gigantes e rápidos em suas capacidades e possibilidades. Quando o maior jogador de xadrez da história, Garry Kasparov, perdeu uma partida para o computador da IBM Deep Blue, o mundo assistiu atônito a uma máquina tomar decisões em tempo real, à medida que as ações se davam. É o que é conhecido como *deep learning*: a capacidade da máquina em aprender a partir de suas experiências.

Hoje assistimos a um enxame de aplicativos e programas de inteligência artificial ao alcance da mão de milhões de pessoas. Eles estão reconfigurando a maneira com a qual vivemos, trabalhamos, passeamos, nos divertimos, estudamos. Pedimos opiniões a esses programas inteligentes sobre situações profissionais, de saúde e até amorosas, e eles conversam conosco como se fossem seres humanos, com uma capacidade de conectar e interpretar informações em um tempo recorde. Outrora os humanos recorreram a grandes oráculos, como a sacerdotisa Pitonisa de Delfos, na Grécia Antiga, ou a profetas, filósofos, mestres, sábios. Hoje, nossos oráculos são os aplicativos de inteligência artificial que acessamos em nossos celulares.

Mas a consciência humana tem muito mais do que conhecimento. Ela é fruto de um organismo vivo complexo, que conecta órgãos a um sistema nervoso em uma dinâmica holística que inclui sensações, emoções, intuições, memórias, visões, sonhos... É uma outra qualidade de *software* que nos faz humanos, ele é vivo, orgânico e complexo. Ainda não temos notícias de que um programa de computador tenha desenvolvido uma consciência, embora uma configuração *transumana* seja o sonho de muitos cientistas e pensadores.

O professor Nick Bostrom define o *transumanismo* como "Um movimento que busca oportunidades para melhorar a condição humana por meio do avanço da tecnologia, vendo a humanidade atual como um trabalho em progresso e não como um ponto-final da evolução" (Porto, 2017, p. 25).

Ou seja, a evolução que conhecemos aconteceu a partir de mutações biológicas de organismos vivos que se adaptavam a novos ambientes. Mas, no universo do *Homo Deus*, as novas criaturas são geradas pelo próprio homem através da tecnologia. Estamos falando de uma transformação humana (ou transmutação) provocada pelo próprio *Homo sapiens* com seus instrumentos, e não mais por uma ação da natureza. Ao falarmos de "trabalho em progresso", deveríamos discutir quem tem o poder de definir isso, quais são os limites e quem será o responsável por determinar tais limites, por estabelecer até onde chegaremos.

Harari, no citado livro, chama a atenção para uma "religião tecnológica" que ele batiza de *dataísmo*: a ditadura dos dados. Vivemos num mundo onde os algoritmos governam tudo. Os *dataístas* são céticos em relação a conceitos como consciência ou sabedoria. O mundo é composto por *bits e bytes* e será a partir das infinitas combinações entre eles que a história se desdobrará.

Aqui reforço minha premissa: a tecnologia é fundamental para a existência humana contemporânea. Isso não se discute. É um caminho sem volta. Mas a pergunta filosófica, inspirada pelos nossos convidados, é: até onde? Qual o limite moral do avanço tecnológico?

Me marcou muito aquele que considero um dos mais belos e importantes discursos do ex-presidente americano Barack Obama, feito em Hiroshima, em maio de 2011, durante uma cerimônia de aniversário do lançamento da bomba atômica. Uma das principais questões tratadas por Obama na ocasião foi a desconexão entre tecnologia e consciência: enquanto os progressos tecnológicos acontecem a passos acelerados e exponenciais, o nível de consciência da humanidade avança a passos de tartaruga. O primeiro presidente americano da história a pisar em

Hiroshima reconhecia que seu próprio país realizara uma atrocidade, exatamente por causa da desconexão entre tecnologia e consciência.

Harari vai além. Diz que "a inteligência está se desacoplando da consciência [...]. A inteligência é mandatória, mas a consciência é opcional." (Harari, 2016, p. 313-314). Para ele, os algoritmos são os "hackers da humanidade", e o *Homo sapiens* vai se tornando um algoritmo obsoleto.

O dilema organizacional: tecnologia como recurso ou a grande protagonista?

Se comecei este capítulo reconhecendo a importância da tecnologia para a vida humana atual, a conclusão natural é que esta relevância também acontece nas organizações. Sem uma estrutura tecnológica robusta, dificilmente uma organização conseguirá sobreviver e adaptar-se aos desafios do mundo atual. Mas o argumento de Barack Obama também se aplica ao universo das empresas. Muitas delas tendem a investir em tecnologia sem preocupação com a consciência ou com o fator humano, o que acarreta sérias consequências. Tecnologia sem cultura e desenvolvimento humano é como uma *matrix organizacional*.

Sempre insisti na importância de a tecnologia estar a serviço das pessoas nas organizações, e não o contrário. Mas constato como se consolida cada vez mais a crença de que a tecnologia deva caminhar sozinha, de forma autônoma, segundo suas próprias regras, cabendo aos indivíduos se ajustarem a esse ritmo. Basta ver a enxurrada de livros, cursos, palestras, que alarmam indivíduos e organizações para que se adaptem ao avanço tecnológico, em vez de proporem que o os profissionais pensem e definam porque, para quê e como usarão a tecnologia.

Um exemplo da supremacia tecnológica sobre o fator humano é quando as empresas implementam *softwares* de gestão que visam integrar e unificar os processos, agilizando as ações e melhorando o fluxo de trabalho entre as áreas. Essa ferramenta de fato facilita a execução em todas as frentes, além de trazer eficiência para a operação. Mas eu mesmo já fui contratado algumas vezes no contexto dessas implementações, para realizar trabalhos focados nas pessoas, uma vez que a empresa concluíra que o sistema tecnológico empacara por razões que iam além das técnicas.

O que acontece é que muitos profissionais mostram resistência para a utilização da nova ferramenta porque ficam inseguros ou simplesmente por estarem mais acostumados aos processos anteriores. Também costuma haver muito ruído entre áreas, já que o tempo de aprendizagem impacta nos prazos e nas relações internas. E, em geral, as lideranças que implementam as novas tecnologias preocupam-se apenas com a capacitação técnica dos colaboradores, preparando-os para que façam o melhor uso do *software* em questão. Acabam deixando de lado os aspectos humanos, o espaço da cultura e dos comportamentos, a psique dos indivíduos e do grupo, este universo complementar, porém fundamental para que a dimensão técnica aconteça.

Como tenho argumentado, quando as organizações resolvem focar somente o material e o técnico, elas ignoram a outra dimensão – a humana – que é determinante para os resultados que todos buscam. Com que facilidade se esquecem que quem usa a tecnologia são seres humanos com crenças, medos, resistências e desejos específicos!

Por isso faz sentido pensar a transformação digital (expressão que ganhou uma popularidade astronômica) a partir de outro prisma. A grande maioria dos textos, livros e até cursos que vi sobre esse tema focam quase exclusivamente a ferramenta, ou seja, as funções da tecnologia. Mas, como mencionei, estamos falando de um recurso que deveria estar a serviço do ser humano, e não o contrário. A tecnologia só será boa se oferecer melhores bases para decisões e realizações humanas.

Transformação digital passa a ser, então, uma relação mais consciente do ser humano com a dimensão técnico-instrumental. Devemos nos perguntar: como usar esse universo para criar ambientes mais conscientes e prósperos. Se mantivermos o foco fundamentalista de adoração à tecnologia, seguiremos o técnico como fim em si mesmo, tornando-o o grande protagonista de toda a história.

A tecnologia atualmente está presente em todas as esferas das organizações, não só na automação, mas também na organização de dados, vital para a saúde de uma empresa. Vimos o surgimento de áreas como *people analytics*, que usa a inteligência dos dados na gestão de pessoas, passando por recrutamento, desenvolvimento, remuneração, competências, talentos etc. Mas a estruturação de dados só terá valor se for para facilitar as decisões de gestão de seres humanos que exercem as diversas funções na organização.

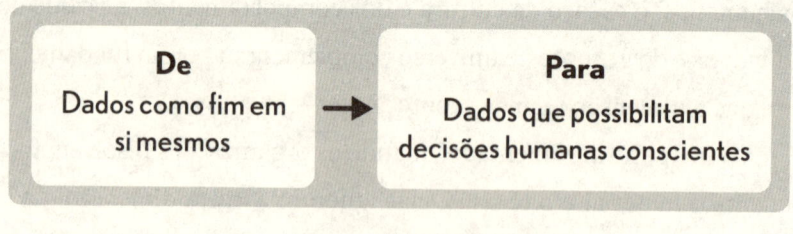

De	Para
Dados como fim em si mesmos	Dados que possibilitam decisões humanas conscientes

***

Uma vez vi um anúncio de uma consultoria que mostrava pessoas de diversas etnias e culturas sendo entrevistadas por recrutadores humanos que agiam com preconceito e vieses parciais. A mensagem publicitária vendia uma inteligência artificial para ser utilizada em processos de recrutamento, garantindo que as entrevistas fossem imparciais e objetivas, sem qualquer possibilidade de cair em preconceitos ou julgamentos reducionistas. Mas, nesse caso, qual é o espaço dado para a intuição ou para a presença, aquela experiência que só o encontro de dois seres humanos proporciona? Onde fica a empatia, os sentimentos, a conexão interpessoal?

Um alto executivo de uma organização do ramo da saúde contou em um evento que implementaram o Watson – a inteligência artificial da IBM – em hospitais e clínicas para ajudar em decisões de diagnóstico e tratamento, mas não demorou muito para alguns médicos sentirem que a máquina estava *indo longe demais*, decidindo sobre áreas que sempre foram da competência de seres humanos.

A máquina pode fazer (e já vem fazendo há décadas) vários trabalhos antes atribuídos ao ser humano, o desafio está em "traçar a linha" entre o que deveria ser de cada um. Desafio nada fácil! O *dataísta* ortodoxo dirá que os aspectos mais subjetivos do ser humano atrapalham nas decisões objetivas, imparciais etc., mas nossa subjetividade é parte essencial de nossa natureza e, enquanto o mundo abrigar o *Homo sapiens*, ele será (também) subjetivo, não somente objetivo.

Objetividade e subjetividade são dois polos que deveriam ser convergentes, caminhar juntos com interdependência, alimentando-se mutuamente. Mas a omnipresença e omnipotência da tecnologia no mundo de hoje estão tornando a subjetividade irrelevante. O alerta de Heidegger ainda está muito presente em nossa atualidade. E como diz Harari: "quando algoritmos desprovidos de mente forem capazes de ensinar, diagnosticar e projetar melhor do que os humanos, o que sobrará para fazermos?" (Harari, 2016, p. 321). Faz sentido permitir que a consciência – com toda sua riqueza e possibilidades – seja substituída pelo poder do algoritmo?

E ainda temos desafios de caráter ético em alguns casos. Um exemplo são os acidentes ocorridos com carros autônomos, dirigidos por algoritmos, envolvendo vítimas humanas. O mundo discute hoje quem é o responsável pelo acidente: quem desenvolveu o algoritmo, a vítima que pode ter sido imprudente, o passageiro ou a máquina? Se for a máquina, como julgá-la e puni-la?

Já houve outras situações de cunho ético, como um escritor brasileiro que perdeu o prêmio de literatura que acabara de ganhar quando descobriram que quem escreveu (realmente) a obra tinha sido a Inteligência Artificial (IA). Há casos semelhantes na indústria da música e da arte. A humanidade terá de escrever novos códigos morais e jurídicos nesse mundo onde o robô chegou para dividir o protagonismo com o homem. Inclusive, a União Europeia já elaborou um projeto de regulamentação da inteligência artificial, para proteger os direitos e valores humanos fundamentais. Essa é uma tarefa que o mundo inteiro não deveria procrastinar.

Chama a atenção posicionamentos como o de Geoffrey Hinton – cientista considerado o padrinho da IA – ex-funcionário do Google que se desligou da empresa para poder pesquisar mais livremente sobre os efeitos da tecnologia no mundo. Ele alerta para o fato de que a IA pode tornar-se mais sábia que o ser humano e até chegar a matar pessoas. Recentemente, vários líderes de empresas de IA assinaram um documento convocando o mundo a tomar medidas contra os perigos que ela representa para a humanidade, incluindo o risco de extinção da espécie humana[21].

O alerta de quem conhece profundamente o tema acontece porque, pela primeira vez, a tecnologia alcançou um status de inteligência e autonomia que a libertou do seu criador. Quando a máquina pensa, analisa, interpreta, critica e cria novos caminhos, ela passa a atuar num seguimento que era atribuição específica do ser humano. Por isso o que vemos hoje é uma tecnologia capaz de tocar o mundo sem nós. E parece ser uma tendência definitiva. A menos que decidamos (de verdade) usar a tecnologia como um *recurso* a serviço da humanidade.

---

21. Também chama a atenção uma pesquisa realizada em 2023 pela Universidade de Yale, com mais de cem CEOs de grandes empresas dos mais diversos seguimentos, em que 42% deles afirmaram que a inteligência artificial tem o poder de destruir a humanidade. Ver *Inteligência Artificial destruirá a humanidade em 5 a 10 anos, de acordo com CEOs nos EUA* – matéria publicada no UOL por Amanda Marques em 26/06/23.

Não tenho dúvidas da importância da inteligência artificial para o universo organizacional atual. Podemos obter informações importantes num piscar de olhos, acessar análises complexas, apoiar-nos nela para tomar melhores decisões ou mesmo elaborar bons planejamentos estratégicos. Mas, ao final, ela não passará de uma criação humana, de um monte de dados que são combinados em escala gigantesca numa velocidade absurda.

A consciência e a liberdade humana são anteriores a uma tecnologia como a IA, mesmo com toda a potência que esta traz. Quais são as perguntas e demandas que queremos trazer a ela? Por que e para que a usaremos em cada momento da nossa vida? Quem faz as perguntas e dá o comando deve ser o homem. É ele quem, ao não se distanciar da ferramenta, arrisca-se a ser dominado ou engolido por ela.

***

A reflexão fundamental que devemos fazer passa por quanto poder queremos dar à tecnologia hoje. Se a vemos como utensílio, sempre a usaremos como um meio, um instrumento que nos servirá para os melhores propósitos. Se a vemos como fim em si mesma, oferecemos-lhe um alcance ilimitado, submetendo-nos como seus servos.

A análise crítica de Heidegger, Arendt e outros autores sobre a técnica resgata o pensamento de filósofos gregos como Platão e Aristóteles, que relacionavam (cada um à sua maneira) o fazer humano a um sentido maior, conectado à sabedoria, à beleza da existência e do todo.

A técnica deve, portanto, estar a serviço da *vita contemplativa*: a capacidade de contemplação que mantém o ser humano como ser consciente e senhor dos recursos que utiliza.

A filosofia nos alerta para a distância prudente que devemos manter entre o que é meio e o que é fim. Confundir essas duas realidades pode custar caro para a humanidade.

Qual será nossa escolha?

CAPÍTULO 10

IMMANUEL KANT E CONVIDADOS

A ética do bem comum: utopia ou (urgente) necessidade?

Uma história para começar; qualquer semelhança...

Vamos imaginar uma situação fictícia. Uma empresa de produtos de beleza lançou um creme de pele rejuvenescedor dirigido ao público feminino. Com uma fórmula inovadora e substâncias nativas do Brasil, o produto foi bem recebido pelos consumidores, com excelente resultado de vendas em pouco tempo. E logo passou a ser o carro-chefe da empresa – que vinha sofrendo por não renovar produtos e perder cada vez mais mercado –, impactando significativamente em seus resultados.

No período de um ano desde o lançamento do produto, surgiram alguns casos de pessoas que relataram irritação de pele como efeito do uso do creme. A empresa pediu um parecer de seus técnicos, que concluíram que o produto poderia provocar alergia em peles muito sensíveis. Seriam alguns casos – poucos, se comparados à totalidade dos clientes – porém significativos. Não houve nenhuma repercussão nas agências controladoras, e a empresa continuou livre para produzir e vender o produto.

Os principais executivos deliberaram sobre a situação e decidiram manter a comercialização do produto, determinando que deveria ser escrito na embalagem, em letras pequenas, que o creme poderia provocar alergia em alguns casos de peles sensíveis. Durante a discussão, um executivo ponderou que a maioria dos consumidores não lê essas frases de alerta, sobretudo as escritas em letras pequenas, e que achava que deveriam tirar o produto de circulação, refazendo a fórmula para uma composição mais saudável. No entanto, ele foi voto vencido, já que a maioria argumentou que não podiam fazer isso com o produto campeão de vendas, perdendo um tempo que era precioso, arcando com altíssimos custos com a retirada do produto do mercado, e ameaçando, assim, a sobrevivência da empresa. E, afinal, não estavam ocultando nada de ninguém, pois a frase estaria presente na embalagem.

As vendas continuaram e os problemas com alguns consumidores também, mas nada foi feito e os lucros só aumentaram, assim como impacto na vida e na saúde das pessoas alérgicas.

Farinha pouca, meu pirão primeiro... *e os outros?*

Se perguntássemos a Immanuel Kant, filósofo alemão que viveu entre 1724 e 1804, sua opinião sobre o ocorrido, teríamos uma séria reprovação como resposta.

Ele defendia que algumas leis são universais e devem ser seguidas para o bem de cada indivíduo e da comunidade humana. Em sua principal obra, *Crítica da razão pura*, ele chamou essas leis de *imperativos categóricos*: uma dimensão superior que transcende nossas vontades individuais ou impulsos mais egoístas. Nossa razão está equipada para seguir tais leis – o código comum está na natureza humana, sendo inviolável e indiscutivelmente digno. Cabe a cada um usar sua liberdade da maneira mais sábia, superando nossa tendência mais básica de atender aos próprios interesses.

O ser humano, para Kant, é um fim em si mesmo, não um meio ou instrumento, portanto deve usar sua razão para sua verdadeira autonomia, que é a escolha moral de viver obedecendo aos imperativos que garantem o bem coletivo. O filósofo contestou o pensamento individualista e utilitarista de alguns pensadores que marcaram sua época[22].

O inglês John Locke (1632-1074), por exemplo, defendia uma liberdade que valoriza o que é útil para o indivíduo. Para ele, o ser um humano é uma *tábula rasa*, ou seja, não existe algo como "natureza humana": ele é uma folha em branco que deve ser preenchida pela experiência. Nessa existência humana, o mais sagrado é a liberdade do indivíduo, que é o proprietário de si mesmo, executor de sua própria vida.

Jeremy Bentham (1748-1832), conterrâneo de Locke, foi mais além, com uma filosofia conhecida como "utilitarismo". Para ele, temos que buscar a maior utilidade em nossas ações, o que se consegue escolhendo o prazer e evitando o sofrimento. O critério para definir se uma ação é boa ou moral passa, em muitos casos, por uma quantificação em relação aos indivíduos que obtiveram utilidade ou prazer com ela.

Seguindo essa lógica, nosso exemplo inicial seria aprovado por Bentham, já que um maior número de pessoas foi beneficiado com um

---

22. Para aprofundar na obra do pensador, ver KANT, Immanuel. *Crítica da Razão Pura*. Petrópolis-RJ: Vozes, 2015.

produto que lhes trouxe beleza e prazer, apesar do grave prejuízo para um número reduzido de consumidores.

A ideia de Bentham foi ampliada por seu compatriota John Stuart Mill (1806-1873), que reforçou o conceito da melhor vida como a que alcança a maior utilidade possível, com a escolha pelo prazer, afirmando que temos a capacidade de buscar opções mais elevadas, mantendo o argumento de que o indivíduo é soberano em suas escolhas e nada nem ninguém deve pautar suas decisões.

No pensamento desses filósofos ingleses, vemos a centralidade no indivíduo e em sua liberdade de escolha a partir do critério da liberdade, prazer e utilidade. Tal linha influenciou de forma determinante a cultura ocidental até os dias de hoje, quando ainda temos uma espécie de sacralidade das ações individuais por cima de qualquer dimensão mais coletiva.

Mas Kant, com seus imperativos, leva o indivíduo a perceber-se como parte de uma coletividade, transcendendo o particular em direção ao universal. Ele defende um existir fundamentado na boa vontade, que é precisamente o impulso de superarmos nossas inclinações individualistas em prol de um benefício comum a toda humanidade. Essa preferência é o que o filósofo chama de *pensamento ampliado*, em oposição ao *espírito limitado*.

Kant, portanto, resgata a dimensão universal, que transcende ações e interesses individuais, preconizada pelos filósofos gregos clássicos, como Sócrates, Platão e Aristóteles, e abandonada pelos pensadores utilitaristas.

Uma questão central e relevante que o filósofo alemão traz, como já deu para notar, é a limitação do individualismo. Afinal, se cada indivíduo tem a liberdade e o direito absoluto de escolha, ou mesmo se o que vale será sempre o que beneficia um grupo de pessoas, como se chega a um *bem comum* a toda a humanidade? Seria possível pensar no conceito de *comunidade*?

Filósofos existencialistas, como Jean-Paul Sartre (1905-1980), Nietzsche e, bem antes do existencialismo, o grande pensador

Jean-Jacques Rousseau (1712-1778) também resistiam a qualquer nível mais universal, já que, para eles, não há "natureza humana", somente escolhas individuais. A *vontade de poder* de Nietzsche me parece inspiradora como fonte de potência do indivíduo (como visto no capítulo 8), mas a questão é o que a limita, pois, uma força absoluta do indivíduo sem nenhum balizador comum levará certamente a um *vale-tudo* de poderes individuais. O pensamento de Kant pode – em certo sentido – complementar, com a dimensão coletiva, a força que Nietzsche colocou no indivíduo.

Estamos, portanto, diante de mais uma polaridade que fundamenta a condição humana: a *individualidade* – que tem o valor intrínseco e a liberdade como eixos centrais – e a *humanidade compartilhada* que conecta cada indivíduo na aventura coletiva da existência. Escolher somente um polo é reduzir a vida humana a uma dimensão parcial, limitada, que certamente impactará negativamente no todo e em cada indivíduo.

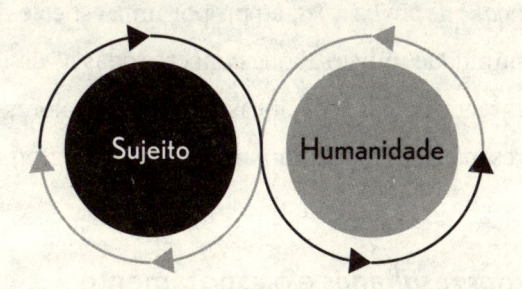

Sujeito — Humanidade

Quando o mundo foi acometido pela pandemia da covid-19, muitos governos decretaram uma limitação ao ir e vir das pessoas, chegando em alguns casos à proibição de sair de casa. Muito se debateu, então, a respeito do poder que o Estado deve ter ou não de cercear indivíduos livres do seu direito de ir e vir. Os utilitaristas e existencialistas veem essa proibição como absurda, pois ninguém – nem mesmo o Estado – pode interferir em um direito inalienável como esse. Já Kant discordaria, ao defender a vida como um bem sagrado, intocável, que não deve ser maculado pelo comportamento de indivíduos capazes de ameaçá-la.

A liberdade de ir e vir é limitada, nesse caso, pela sacralidade da vida humana.

Esse ponto é chave porque, se o mundo não for capaz de encontrar um substrato comum que nos una como humanos, serão inevitáveis os conflitos em que pessoas e comunidades inteiras, ou mesmo o planeta, serão prejudicados e ameaçados em sua integridade. A Declaração Universal dos Direitos Humanos é uma tentativa de unir o mundo em uma comunidade global, mas infelizmente vemos que esse ideal ainda não sensibiliza a muitos.

Me parece vital resgatar o pensamento de Kant para revertermos a trajetória individualista que o mundo escolheu. É possível respeitar as particularidades de cada indivíduo e das diferentes culturas unindo todas as partes em um todo coeso e próspero. Uma realidade não é oposta a outra: são compatíveis e complementares. É o que defende Samuel P. Huntington em seu livro *Choque de civilizações,* ao propor uma espécie de *supracivilização*: uma comunidade universal que conecte todas as civilizações, respeitando suas características específicas, a partir de valores superiores e transversais, presentes em toda a humanidade (Huntington, 1997).

A *metafísica dos resultados* e o esgotamento do capitalismo tradicional

O capitalismo ainda vigente no qual as organizações estão inseridas foi concebido a partir de princípios individualistas e utilitaristas. A economia tem sido vista ao longo da história como uma dinâmica autossuficiente que existe para maximizar os ganhos e minimizar os custos, gerando benefícios para quem detém o capital. Essa concepção mutila qualquer visão de riqueza verdadeira, já que privilegia o bem de alguns possuidores de um capital que deve crescer exponencialmente em seu próprio benefício.

O filósofo Max Weber já havia afirmado, em sua importante obra *A ética protestante e o espírito do capitalismo*, que o capitalismo se baliza no pensamento protestante de predestinação: quem tem a vocação divina e obedece os planos de Deus é beneficiado com os méritos da riqueza. Na mesma obra, Weber chama a atenção para o racionalismo que tomou conta do universo do capital, onde a riqueza passa a ser o *summum bonum* (bem maior) do proprietário do capital:

> De fato, o *summum bonum* dessa ética, o ganhar mais e mais dinheiro, combinado com o afastamento estrito de todo prazer espontâneo de viver [...] é pensado tão puramente como fim em si mesmo [...] O homem é dominado pela geração de dinheiro, pela aquisição como propósito final da vida.
>
> (**Weber, 2005, p. 49**).

A segunda metade do século xx consolidou a mentalidade utilitarista ao consagrar o que viria a ser conhecido como *neoliberalismo*, um sistema que vê a economia como uma realidade que se autorregula, ideia que pode encontrar suas raízes no pensamento de Adam Smith, que defendeu a autonomia do mercado com base em sua capacidade de encontrar o equilíbrio por si só, como se houvesse uma *mão invisível* por trás garantindo sua dinâmica. Isso até poderia ser verdade, se esse sistema autônomo tivesse como fundamento princípios éticos universais, o que garantiria que qualquer ação e decisão considerasse o benefício de toda a humanidade.

Mas o sistema capitalista neoliberal mostrou ter outro motor, aderente ao que defenderam os filósofos mencionados aqui, como Locke, Bentham, Mill e todos os que consideravam o indivíduo com sua liberdade intocável como o principal motor de toda a humanidade e do planeta.

A economia neoliberal vigente não é um sistema que se autorregula para o bem de todos. Ela visa a maximização de ganhos e lucros para quem detém o capital. Por isso é individualista em sua essência, e tem se mostrado inviável quando pensamos na prosperidade da humanidade.

O neoliberalismo consagrou o capitalismo extremo, minimizando qualquer tipo de regulamentação e garantindo o poder máximo às grandes empresas e instituições financeiras. Foi graças a essa escolha deliberada – defendida e potencializada por países como Estados Unidos e Inglaterra na segunda metade do século XX – que vimos crescer o capitalismo chamado "selvagem", que promoveu um sistema financeiro intocável, como fim em si mesmo, com a especulação como um dos principais pilares.

Foi precisamente esse pragmatismo utilitarista que permitiu desastres financeiros como a crise de 2008, que produziu uma bolha de enormes proporções, causada por um jogo de especulações a partir de créditos dados a clientes do mercado imobiliário, que não tinham condições para arcar com suas dívidas[23]. O capitalismo neoliberal permitiu um universo infinito de jogos financeiros que se servem da possibilidade de brincar com o valor de ações, títulos e todo tipo de recursos.

Muitas organizações buscam aproveitar-se desse sistema, que permite o jogo da maximização de resultados como o único fim a ser perseguido. Vivemos por muitas décadas o chamado "capitalismo de *shareholders*", um sistema em que as organizações existem para maximizar os ganhos de seus donos e acionistas. Nessa abordagem, o centro de gravidade é o dono do capital e sua necessidade insaciável de aumentar seus lucros, de

---

23. Para aprofundar o que foi a crise financeira de 2008, ver KRUGMAN, Paul. *A crise de 2008*. São Paulo: Elsevier, 2009.

modo que o balizador ético passa a ser frágil e a falta de integridade nas decisões individuais e coletivas é, muitas vezes, normalizada.

Com frequência nos vemos diante de casos escandalosos de falta de ética no universo das empresas. Para usar um exemplo recente, podemos citar a empresa de varejo Americanas, por muito tempo conhecida e respeitada pelo público em geral, que – segundo foi inicialmente noticiado pela imprensa – tinha um rombo de 20 bilhões de reais que não aparecia em seus balanços contábeis. A cifra logo foi ajustada para 40 bilhões de reais. A primeira reação da empresa foi minimizar o rombo estratosférico, chamando-o de "inconsistência contábil", mas logo todo o mundo entendeu que se tratava de falta de transparência, um vício "permitido" pelo capitalismo selvagem.

A empresa pedia empréstimo a bancos para pagar fornecedores e não contabilizava o pagamento de tais empréstimos, divulgando uma situação financeira completamente falsa, enganando, assim, seus investidores. A fraude levou a um recuo de 98% do valor de suas ações em um mês, um recorde negativo na bolsa brasileira em décadas, trazendo prejuízos a acionistas, credores e fornecedores, além de causar a demissão de muitos profissionais diretos, indiretos e outros ligados ao ecossistema que orbitava a organização.

No site da empresa lia-se que um de seus valores era a "obsessão por resultados", termo que já denotava um exagero, um extremismo perigoso. Mas esse tipo de exagero é a manifestação mais pura de um sistema econômico que perdura há mais de um século e que sempre teve como pilar a maximização ilimitada de resultados financeiros por cima de qualquer outro valor. No caso da Americanas, a obsessão por resultados priorizava o corte de custos como princípio central, ao mesmo tempo que promovia bônus astronômicos aos principais executivos, que chegavam a ter remunerações até quatrocentas vezes maiores que a média da empresa.

Esse caso ilustra as limitações de um sistema econômico que vem mostrando todo seu esgotamento. A maximização de resultados como princípio absoluto relega a um segundo plano qualquer outra dimensão que não seja a dos ganhos financeiros, ignorando a ética e causando estragos em todo o universo em torno de quem atua dessa forma.

Pelo benefício de alguns, aceita-se o prejuízo de muitos, afinal, se o bem absoluto é o lucro, por que seria errado afirmar que os fins justificam os meios? Todo o contexto que envolve uma empresa com tal mentalidade – incluindo todas as pessoas que a compõe – serve à sua *metafísica dos resultados*. Funcionários, colaboradores, clientes são meros meios, instrumentos que servem ao objetivo maior, que é o retorno financeiro. Por isso, Kant diria que a abordagem da Americanas – e de muitas empresas em todas as partes do globo – é imoral.

Os autores John Mackey e Raj Sisodia, em seu importante livro *Capitalismo consciente*, descrevem da seguinte maneira a imoralidade do que Kant nomeou como *espírito limitado*: "Qualquer parte interessada que busca maximizar os próprios interesses sem se preocupar com os outros atores interdependentes é uma ameaça perigosa à saúde do todo" (Mackey; Sisodia 2018, p. 183). Por isso, muitos pensadores e economistas passaram a usar o termo "capitalismo de *stakeholders*" – em contraposição ao já citado "capitalismo de *shareholders*" para se referir a uma dinâmica que posiciona a empresa como uma mediadora de relações éticas, de ganha-ganha, entre todos os atores que orbitam à sua volta.

O chamado ESG – sigla em inglês para o tripé meio ambiente, sociedade e governança – tem crescido e se afirmado como uma tendência que veio para ficar nas práticas organizacionais. Muitas empresas têm entendido que não deve haver uma distância ou contradição entre gerar resultados e lucros e o respeito ao ambiente, o cultivo da ética e a adesão aos princípios humanos universais.

Aliás, o que percebemos é que os resultados acabam sendo uma consequência natural para empresas que vivem de verdade e com convicção as práticas ESG[24].

Nas últimas décadas, assistimos à proliferação de fundos de investimento que só aceitam investir em empresas com práticas verdadeiras em ESG, o que só reforça a adesão de muitas delas a essa abordagem. Algumas aderem por convicção, outras pelo bolso, mas no fim é a economia que ganha ao ampliar a massa crítica de empresas que atuam nessa direção.

A coragem ética de olhar-nos no espelho

Me pergunto continuamente como é possível chegar à situação da Americanas, considerando que os donos eram pessoas respeitadas no mercado, seguidos por milhares de fãs, protagonistas de *best-sellers* que se propuseram a desvendar os métodos que os levaram a tanto sucesso.

Parte da explicação está no capítulo 4, quando tratei da enfermidade da inautenticidade e do sofisma organizacional: profissionais e empresas que preferem uma narrativa falsa para não perder investidores nem competitividade, caindo numa falsidade quase patológica. Mas há outro fator que nos leva a testemunhar tantos acontecimentos que nem de longe condizem com o que se anuncia publicamente.

Muitas pessoas, grupos e instituições que se declaram éticas o fazem por uma necessidade de validar a própria imagem diante da sociedade e até de si mesmas. Não reconhecem seus erros por não conseguirem conviver com o fato de que são seres humanos falhos e limitados, incoerentes

---

[24]. O jornalista Tony Schwartz argumenta que as empresas que praticam o capitalismo consciente performam até dez vezes melhor. Isso acontece porque elas cuidam das relações com os *stakeholders*, com os colaboradores e com o meio ambiente, gerando um círculo virtuoso de ganha-ganha (*Companies that Practice Conscious Capitalism perform 10x Better*, Harvard Business Review, 4 abr. 2013).

e paradoxais, como todos somos. Nilton Bonder, em seu livro O *crime descompensa*, defende o que ele chama *gente*: o sujeito que traça sua jornada buscando o seu melhor, mas consciente de suas limitações, falhas e desvios de conduta. Ele contrapõe esse sujeito àquele que pretende alcançar uma natureza humana ideal, quase angelical. O ser que se pretende perfeito e imaculado se distancia de sua real natureza, limitada, reprimindo suas manchas e distanciando-se delas, ao mesmo tempo que projeta, nos outros, erros e condutas reprováveis (Bonder, 2012, p. 48-52).

Essa dissociação cria *personas* que vivem verdadeiros teatros, acreditando possuir uma índole límpida e exemplar quando no fundo aceitam, continuamente, a falta de virtude como conduta usual. Essas pessoas e organizações buscam todos os argumentos para livrarem-se de qualquer responsabilidade por uma ação não ética, mantendo uma autoimagem de retidão quando esta não corresponde à realidade.

Vivemos em uma sociedade patologicamente hipócrita, que se acredita reta, virtuosa, quando, na verdade, não age assim. Trata-se de uma "ética da imagem idealizada", uma narrativa do que muitos *deveriam ser* em contraste com o que *são* na vida cotidiana. Esta ilusão acordada individual e coletivamente permite um certo equilíbrio na aceitação das pessoas e organizações, mas traz à tona uma constante inautenticidade, incapaz de sustentar-se por muito tempo, já que a verdade dos fatos acaba emergindo em um mundo onde todos estão cada vez mais expostos[25].

O genial Aristóteles – em sua já mencionada obra *Ética a Nicômaco* – argumenta que o indivíduo virtuoso é aquele que une a sabedoria da contemplação à sabedoria da ação. Reflexão e ação/atitude: essa equação garante a vida virtuosa. Não praticar o que se pensa ou o que se fala – considerando que sempre é mais fácil pensar, declarar

---

25. Sobre o tema da hipocrisia e dos simulacros contemporâneos, ver PADUA, Elza. *Esquizofrenia Social*. Porto Alegre: Zouk, 2006.

ou desejar – condena o indivíduo a uma vida incompleta e o distancia da verdadeira sabedoria. A ética meramente intencional forma sujeitos parciais, teatrais, estagnados em sua mentira, hipocrisia e covardia. As organizações que optam por um discurso idealista e politicamente correto, distante da realidade do dia a dia, projetam-se como santuários da boa conduta enquanto sua cultura exala escolhas inadequadas e não éticas.

O caminho não é revestir-nos de uma natureza angelical – que definitivamente não é a nossa –, mas aproximar-nos da nossa natureza limitada e falha, entendendo o que está por trás da lacuna entre o declarado e o praticado. Ao percebermos o que realmente pensamos no fundo de nossas consciências, poderemos desconstruir tais crenças e buscar novos comportamentos, evoluindo para uma conduta mais autêntica e exemplar (não teatral). Mas só conseguiremos isso se reconhecermos o que erramos e por que erramos, se tivermos a coragem de olhar para a distância entre o que dizemos acreditar e o que *realmente* acreditamos, que se vê refletido em nossas escolhas diárias.

Uma vez atuei como facilitador para uma empresa que propôs a alguns líderes um programa que buscava aprofundar os comportamentos em relação ao valor da segurança. Na primeira roda de conversa, perguntei o quanto eles priorizavam aquele valor. A resposta foi unânime: todos o valorizavam muito, era algo prioritário para eles. Em seguida, propus trazermos alguns casos reais que a empresa tinha experimentado em que o valor da segurança havia sido relegado a um segundo plano, ou mesmo deixado de lado. Em cada um deles, buscamos analisar o ocorrido em profundidade: as pessoas envolvidas e as escolhas que levaram a consequências pouco seguras. A conclusão para muitos foi que, na realidade, não priorizavam o valor da segurança. Ajudei-os a ver que isso não os tornava falsos, mentirosos ou hipócritas; a questão era que eles não percebiam a distância entre o que gostariam de ser e fazer e o que realmente eram e faziam. Alguns priorizavam a rapidez, a produtividade, ficar bem com o cliente e a comodidade, por exemplo.

Quando os participantes perceberam a distância entre o declarado/desejado e o real, viveram um choque positivo que acabou sendo o grande motor para uma transformação comportamental. A dinâmica mostrou-se reveladora de um mecanismo sutil do qual muitos somos vítimas ao não refletir sobre o que realmente acreditamos e fazemos. Só uma revelação como essa pode destravar a inércia de pretendermos ser o que não somos.

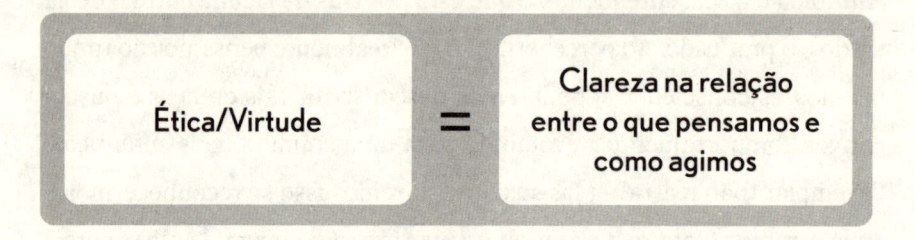

Ética/Virtude	=	Clareza na relação entre o que pensamos e como agimos

A jornada da ética verdadeira passa por encarar nossas sombras, nossos próprios boicotes e sabotadores, reconhecendo as crenças e valores que os sustentam, para buscarmos superá-los com maturidade e humildade. Colocar a culpa no mercado, no sistema, na crise econômica ou na política é o caminho mais seguro para desacreditar-nos como pessoas e culturas. Muitos profissionais e organizações optam por esse caminho, mas a falta de ética não reconhecida cobra um preço muito alto no que se refere à reputação e à perpetuação na sociedade. É muito difícil recuperar o respeito perdido por meio de uma narrativa que nega qualquer desvio de conduta, quando o mundo todo testemunhou um acontecimento não ético.

A hora de um novo sistema econômico

Como refleti anteriormente neste capítulo, o próprio sistema capitalista vigente leva indivíduos e organizações a flertarem com condutas duvidosas, buscando ocultá-las debaixo do manto do bom comportamento.

Quando associamos a ética à autenticidade e à integridade que buscam o bem comum, somos impelidos a olhar para o capitalismo atual como um sistema limitado, que precisa ser repensado e reconfigurado. Já apontei algumas das limitações do capitalismo tradicional. Agora, precisamos olhar para uma via ética que permita reinventar esse sistema econômico.

A desigualdade social que o capitalismo atual ajudou a intensificar é um problema ético, pois, quando um sistema econômico exclui uma parte da sociedade, privilegiando quem tem acesso aos recursos e excluindo quem está à margem dessa dinâmica, ele baseia-se numa lógica *não ética*, já que alguns são constantemente beneficiados em detrimento de outros.

O argumento individualista que sacraliza a liberdade, o direito à propriedade e um pseudo mérito também é falho. Michael Sandel, em seu livro *A tirania do mérito*, mostra que o espaço do mérito em geral é limitado a pessoas que já estão inseridas em um universo de privilégios. Eu mesmo experimentei isso ao estudar em uma das melhores universidades do Brasil. Quando procurei meu primeiro estágio, acessei empresas que tinham como política contratar alunos apenas das melhores faculdades. Ora, esse é um ciclo vicioso, que prioriza quem já está inserido em uma bolha de vantagens, deixando de fora quem nunca teve acesso às melhores instituições de ensino. O mérito do candidato contratado, nesse caso, é controverso, considerando que muitos de seus concorrentes não partiram de uma mesma condição social e, portanto, a despeito de suas competências e capacidades, não dispunham dos mesmos recursos para conquistarem espaços.

Edu Lyra é um brasileiro que nasceu e cresceu na favela. Sua mãe foi sua grande inspiradora ao cunhar a frase: "Não importa de onde você vem, mas para onde você vai". Essa ideia penetrou seu coração e ele se libertou da crença limitante de que só pode se desenvolver quem tem acesso aos melhores espaços, às melhores escolas, e por aí vai. Ele fundou a ONG Gerando Falcões, um ecossistema de instituições e iniciativas que busca potencializar as favelas e comunidades da periferia, formando líderes sociais, levando recursos a essas localidades e aproximando o mundo das empresas ao universo excluído da pobreza.

Ele costuma dizer que a favela é a maior *startup* que existe, porque as pessoas que lá habitam se veem impelidas a inovar, criar, adaptar-se, para poder sobreviver. Com essa mentalidade, ele iniciou projetos que aplicam o talento presente nas favelas ao próprio sistema de produção e inovação de algumas empresas. Ele desconstruiu a divisão entre economia formal e o mundo esquecido das pessoas de baixa renda e está provando para o mundo que o excluído socialmente pode ter tanto talento e potencial quanto quem nasceu em berço de ouro, se não mais!

Essa abordagem transcende e desafia as divisões e os muros estabelecidos pelo capitalismo tradicional e selvagem, mostrando que é possível provocar uma dinâmica em que todos ganham, em vez de fortalecer o abismo entre quem já tem e quem já nasceu excluído. Esse "novo capitalismo", que conecta as leis da economia e do mercado ao universo social mais amplo, traz inclusão, gera riqueza e beneficia a todos, sendo, portanto, mais justo e ético.

Nessa nova dinâmica, subverte-se o que o economista Thomas Piketty (1971-) chamou de *mecanismo viciado*. Em seu livro O *capital*, ele argumenta que a riqueza produzida nos últimos tempos tem gerado desigualdade e que a ideia de que a riqueza produziria mais riqueza não se concretizou. Segundo Piketty, somente um sistema em que a riqueza se traduza em investimentos e empreendimentos inclusivos poderá ser justo e ético. Ele defende uma dinâmica em que a riqueza seja atrelada à produção, e que esta tenha como efeito natural o desenvolvimento verdadeiro e a prosperidade.

A riqueza se desacoplou do desenvolvimento e da prosperidade e os efeitos disso são nefastos. Quanto tempo levará para a humanidade compreender isso?

É preciso, portanto, repensar as organizações, enxergando-as como entidades humanas e sociais que existem não só para gerar lucro, mas também para estimular inclusão e justiça social, garantindo o bem comum e uma nova realidade em que todos ganham. Trata-se de uma mudança radical de mentalidade, que entende a economia como um sistema que se perpetuará a partir da dinâmica da abundância, em que todos buscam – individualmente e em grupo – o benefício coletivo. É possível – e necessário – superar a mentalidade da escassez, que tem no acúmulo seu principal motor. Esta é uma visão arcaica, ultrapassada, que só leva a uma maior desigualdade e, portanto, a uma clara estagnação social e econômica.

Mais *Ubuntu* para nós

Existe uma filosofia africana chamada *Ubuntu*, cujo princípio central é a interdependência das pessoas. Segundo essa filosofia, cada indivíduo é parte de um todo maior, coletivo e, portanto, não realiza sua humanidade plenamente se existir e viver sozinho. Por isso a frase *Eu sou porque nós somos* resume bem a essência dessa abordagem.

Líderes importantes para a superação do regime separatista e racista do *Apartheid*, como Nelson Mandela e Desmond Tutu, debruçaram-se sobre a filosofia *Ubuntu* como caminho para unir um país dividido pela intolerância e pela discriminação racial.

Kant e os demais pensadores presentes neste capítulo nos propõem um caminho que se conecta muito com a forma *Ubuntu* de viver. Quando olhamos só para a parte, buscando seu benefício sem pensar no impacto no todo, temos perdas em *todas* as dimensões. Isolar indivíduos, grupos, empresas buscando a máxima vantagem sem considerar a relação com a sociedade e o ecossistema em que se está inserido é formalizar o próprio atestado de óbito, porque só se existe dentro de um todo maior.

A ética que abordamos neste capítulo nada mais é do que buscar integrar o bem individual com o coletivo, para a saúde da parte e do todo, da forma mais verdadeira e autêntica possível – mesmo com nossas falhas e incoerências. Porque é muito fácil dizer que somos éticos sem desejarmos sê-lo de verdade.

E as organizações têm um papel preponderante nessa mudança de mentalidade de que o mundo tanto necessita.

Aceitar a missão é uma tarefa de cada um. Em algum momento se formará uma massa crítica capaz de pautar o mundo organizacional a partir de novos valores e práticas.

A humanidade agradece. Kant também.

CAPÍTULO 11

BARUCH ESPINOSA E CONVIDADOS

A organização holográfica

The Overview Effect

Em dezembro de 1968, o modelo Apolo 8 flutuava pelo espaço para realizar, pela primeira vez na história, a órbita ao redor da Lua. A Nasa, os astronautas, o mundo todo olhava fixamente, e com ansiedade, para o destino: a Lua. Até que um dos tripulantes, de maneira quase contraintuitiva, girou sua câmera em outra direção para filmar o planeta Terra. Ao fazer isso, ele deparou-se com uma visão única, que imediatamente compartilhou com seus colegas. Juntos, tiveram um longo momento de contemplação e presença, um êxtase coletivo que trouxe uma rara sensação de unidade e comunhão com aquela grande circunferência suspensa no ar.

O que contemplavam era uma linda esfera com tons de azul, branco e cinza, sem divisões ou fronteiras, um *continuum* que transmitia unicidade. Um todo flutuando no espaço. E o mais impactante foi experimentarem que eles *também* eram uma unidade com o planeta e com todo o espaço.

Perceberam-se como parte daquele todo envolvente, e com isso viveram uma expansão da consciência. Aqueles astronautas nunca seriam os mesmos depois de seu retorno à Terra.

O escritor Frank White – que assistia ao evento pela televisão – chamou esse fenômeno de *overview effect*: a sensação de ser uma unidade com tudo o que existe.

Esta experiência – tão atípica quanto especial – corrobora o que alguns importantes filósofos e pensadores refletiram acerca do mundo, do homem e de tudo o que existe.

A parte e o todo

Um dos maiores debates da história da filosofia traz a questão do uno e do múltiplo. Como explicar um mundo cheio de unidades menores que parecem separadas, mas que – observadas em maior profundidade – se revelam como parte de um todo maior?

Um dos filósofos que abordaram esse difícil tema foi o holandês Baruch Espinosa, que viveu entre 1632 e 1677. Para ele, a existência é um grande desdobramento de uma única Substância (que ele denomina "Deus"), necessária e infinita, que vai manifestando-se por meio da matéria e das ideias, que são como *modos* ou *atributos* da Substância. Essa potência infinita se revela ao longo da história em uma espontaneidade de *autoprodução*, materializada na multiplicidade do finito. O *ser* é igual ao *existir*, e ambos são aspectos de uma única Substância. Ele cunhou a frase *Deus sive natura* – "Deus ou Natureza", em latim[26].

Para nosso filósofo, as partes estão concatenadas umas com as outras, na medida em que pertencem a uma única e totalizante Substância. Há

---

26. Essa concepção é desenvolvida em uma de suas obras principais – ESPINOSA, Baruch. *Ética*. Petrópolis: Vozes, 2023.

uma coesão entre as partes, que se manifesta como uma obediência a leis comuns. Tal coesão acontece em um fenômeno de encadeamento entre as partes, formando totalidades com maior ou menor grau de complexidade.

Diz Espinosa:

> No que se refere à relação do todo e das partes, considero as coisas como partes de um certo todo, sempre que a sua natureza se ajusta à das outras partes, de modo que haja, tanto quanto possível, acordo entre elas.
>
> **(Espinosa; Ep. XXXII a Oldenburg, G. IV, pp. 170-1)**

Outro proeminente filosofo, o alemão Friedrich Hegel (1770-1831) – que teve como uma de suas influências o próprio Espinosa – acreditava que a história é o desdobramento do *absoluto* (para ele, Deus ou *Logos*) em direção a uma síntese cada vez maior e abrangente, fruto de uma dialética entre opostos. O finito, para ele, é manifestação do infinito. Tudo o que existe é um grande desenrolar da ideia absoluta em acontecimentos históricos, avançando em amplitude e complexidade.

O genial teólogo e paleontólogo Teilhard de Chardin (1881-1955) – a partir de suas reflexões, pesquisas e experimentos – concluiu que tudo o que existe percorre uma dinâmica que parte de um modo mais simples e limitado de existir para um mais amplo, inclusivo e complexo. Para ele, a matéria vai evoluindo em um processo de abrangência contínua, o que ele chama de *energia-amor*, no qual átomos e moléculas se integram em realidades cada vez mais ricas, adquirindo, em um dado momento, a dimensão da consciência e dirigindo-se a um ponto *supraindividual*, convergente, universal, que ele chama de *ponto ômega*. Esse é o destino unificador e totalizante de uma existência cuja origem está num mesmo *uno*.

Esses e outros pensadores buscaram, cada um à sua maneira, integrar duas polaridades que se implicam intimamente, mas que foram separadas ao longo da história por um pensamento dual e compartimentalizado: a parte e o todo, ou como mencionei acima, o múltiplo e o uno.

O pensador contemporâneo Ken Wilber fala de um movimento totalizante, uma *grande cadeia do ser*, que também pode ser pensada como uma espiral que vai de um campo mais estreito para outro cada vez mais amplo. Nessa dinâmica, cada parte está inserida em um todo maior, até chegar ao *grande todo*, que inclui todas as partes. Há uma energia unificadora, amorosa, sutil e invisível aos olhos materiais humanos, que alimenta toda a existência e que a impele a uma unidade cada vez maior (Wilber, 2013, p. 46). Vemos aqui uma relação com o que Espinosa, séculos antes, já havia elaborado ao defender que as partes pertencem a um todo maior.

Um vazio que é cheio

Poderíamos pensar que estamos diante de uma abordagem abstrata, de formulações teóricas que são frutos de pensamentos mirabolantes e genéricos de mentes especulativas. Mas, desde a origem de tais formulações, a ciência avançou e revelou que as mentes brilhantes de Espinosa e de seus "colegas" de diferentes épocas acessaram com admirável sabedoria o mistério da existência.

Como mostrei no capítulo 6, quando a física quântica começou a estudar o fenômeno que acontece no interior dos átomos – em uma escala micro –, deparou-se com um grande campo de energia, movimento e relação. A matéria revelou-se não ser sólida, mas um universo energético que tende a reunir-se em um abraço de conexão e integração. Vimos que os elétrons, que se comportam ora como partículas, ora como ondas – dependendo da ação do observador – , manifestam-se em um constante relacionamento, no qual deixam de ser coisas separadas para serem parte do todo.

Como expressa Fritjof Capra (1939-) a seguir:

> A teoria quântica revela assim um estado de interconexão essencial do universo. Ela mostra que não podemos decompor o mundo em suas menores unidades capazes de existir separadamente [...].
>
> O estado de interconexão universal entre coisas e eventos parece ser uma característica fundamental da realidade atômica [...].
>
> A teoria quântica força-nos a encarar o universo [...] sob a forma de uma complexa teia de relações entre as diferentes partes em um todo unificado.
>
> **(Capra, 2006, p. 108-109).**

Na década de 1970, o físico Alain Aspect (1947-) conseguiu comprovar experimentalmente uma relevante proposição conhecida como Teorema de Bell. Nela, duas partículas são separadas por qualquer distância e uma delas sofre uma modificação em sua rotação. No mesmo momento, a outra partícula também terá sua rotação alterada. Este fenômeno é conhecido como *conexão não local*, e é a maior demonstração de que existe um campo sutil, não observável a olho nu, que unifica as partes e partículas em um todo interligado.[27] Esse princípio unificador recebe dos budistas – como lembra Capra – o nome de *quididade*: "o grande todo que tudo integra" (Capra, 2006, p. 103).

Como mencionei no capítulo 5, o inspirador físico David Bohm (1917-1992) chamou esse campo unificador de *ordem implicada*. Segundo Bohm, o que vemos e experienciamos no mundo com nossos cinco sentidos pertence à ordem explicada, uma manifestação explícita de um campo energético que é mais sutil e invisível. Para ele, o espaço que tomamos como vazio está, na verdade, cheio, contendo um fluxo energético que

---

27. Com relação ao Teorema de Bell, ver também JAWORSKI, Joseph. *A fonte*. São Paulo: Cultrix, 2014, p. 77-81.

interliga tudo o que existe (Bohm, 2008, p. 156-158). E é justamente o fato de o espaço estar *cheio* que torna possível realizar o experimento do Teorema de Bell exposto acima.

Mas Bohm vai além. Quando a física quântica descobriu que o observador afeta, como expliquei, a dinâmica dos elementos subatômicos – que oscilam entre comportamento de onda e de partícula – ele concluiu que a consciência impacta e muda a matéria. Por esse ponto de vista, a consciência é matéria evoluída e expandida. Se só podemos falar de mente humana porque temos um cérebro, podemos inferir que mente e matéria são uma mesma realidade. Mas a mente não somente vem da matéria, ela também forma estados da matéria, por exemplo, quando uma reação psíquica afeta o batimento cardíaco e toda a dinâmica fisiológica. Ambas as realidades estão, portanto, circunscritas a uma mesma substância (ordem implicada). Como provoca Bohm, "os movimentos da mente e do corpo são o resultado de projeções relacionadas de uma base comum altamente dimensional" (Bohm, 2008, p. 214). De novo vemos a estreita relação com Espinosa, que como mencionei acima, defendia que a matéria e as ideias são atributos de uma mesma Substância.

Essa constatação tem enormes implicações, pois passamos a entender que o mundo não é *algo lá fora*, pronto para ser explorado e lido por nós. O mundo é uma manifestação que acontece de forma concomitante à consciência: nós cocriamos o mundo, porque somos parte de uma mesma Substância com sua dinâmica unificada. Não somos expectadores, somos *autores* dele.

É estimulante pensar como um filósofo que viveu tantos séculos atrás, como Espinosa, tenha conseguido elaborar – com tão poucos recursos – uma teoria tão próxima ao que a ciência contemporânea pôde demonstrar com recursos modernos e potentes, séculos depois. Sim, a realidade que palpamos está conectada a um todo maior, que não conseguimos ver com clareza, mas que certamente une tudo o que existe. O mundo tem se demonstrado como uma coleção de substâncias conectadas e integradas a uma grande Substância, que estou chamando aqui de *Todo*.

O psiquiatra Carl Jung – protagonista do capítulo 7 – também mostrou esse fenômeno com sua pesquisa teórico-empírica que levou ao que denominou *sincronicidade*. Trata-se de acontecimentos não causais, aparentemente separados no tempo e no espaço, que se manifestam como uma realidade unificada e integrada. Ele dá alguns exemplos, como o do paciente em uma sessão de terapia que, ao relatar um sonho em que recebia de presente um escaravelho de ouro, viu, no dia seguinte, um inseto da mesma espécie – desta vez, fisicamente – na sala onde a terapia acontecia (Jung, 2011, p. 31-33).

Existem inúmeros casos de sonhos que se revelaram premonitórios, antecipando eventos que, depois de anunciados no inconsciente, aconteceram realmente no tempo e espaço. Muitas comunidades, ao longo da história, tomaram decisões a partir de sonhos de líderes, gurus ou mentores[28].

Esse fenômeno só é possível devido à psique, que se manifesta também como inconsciente coletivo: um campo energético supraindividual presente em toda a humanidade, independentemente de espaços geográficos ou tempos históricos. A energia da psique humana está intimamente conectada com tudo o que acontece no mundo: mais uma demonstração da dimensão unificadora que reúne as partes em um todo coerente e convergente. Mente e matéria/história aparecem, mais uma vez, como integrantes de uma mesma realidade.

---

28. Para aprofundar neste tema, ver RIBEIRO, Sidarta. *O oráculo da noite*. São Paulo: Companhia das Letras, 2019.

Se a matéria, assim como os acontecimentos e até as ideias, fossem entidades isoladas, separadas no espaço e no tempo, seria impossível verificar algo como a sincronicidade.

Nosso mapa não corresponde ao território

O período da chamada "ciência moderna", que trouxe o já citado método científico de René Descartes, propôs um outro tipo de mundo, diferente do que apresentei nos parágrafos anteriores.

Quando o filósofo francês separou a *res cogitans* (matéria pensante) da *res extensa* (matéria extensa), atribuiu à mente e ao pensamento a função de observar a matéria, medi-la, dividi-la em partes menores, para poder entendê-la exaustivamente. A mente então passou a ser o grande canal de conhecimento, por meio da observação e do método (racional e lógico), sendo capaz de entender e até "controlar" o mundo. As partes foram separadas e ficaram, assim, distantes, possíveis de serem dissecadas até serem compreendidas pela análise.

A dimensão unificadora e totalizante foi ignorada ou nem sequer considerada. E o mundo preferiu optar por essa leitura. Quando o ser humano escolhe atribuir existência somente ao que consegue ver, tocar e medir, impede o seu acesso ao invisível – à ordem implicada de Bohm – porque o sutil não tem espaço nem ontologia. E quando decidimos separar o que existe em partes menores, criamos fronteiras e isolamos uma realidade da outra, tornando-nos incapazes de perceber qualquer ligação ou conexão entre as unidades isoladas. Ao fazer isso, instituímos os limites que formam elementos incomunicáveis, assim como os opostos irreconciliáveis.

A ciência moderna inventou um mundo que não existe em sua forma natural, só na abstração do cálculo e da mensuração, e assim substituiu o território pelo mapa. Os astronautas da Apolo 8 descobriram com seus próprios olhos e sua consciência que o mundo real não corresponde à proposta cartesiana.

Nessa concepção de um mundo separado, com suas partes fechadas, a mente humana ganhou um filtro que dividiu tudo e passou a ver a realidade como uma coleção de elementos distantes uns dos outros. E o método científico, ao ser reforçado por concepções absolutistas, acabou gerando uma existência polarizada, na qual céu e inferno, certo e errado, forte e frágil, passaram a ser extremos divergentes e antagônicos.

O ser humano moderno – discípulo e admirador do cartesianismo – reforçou as linhas divisórias, engrossou suas fronteiras e exacerbou as divisões olhando para o vizinho como inimigo; maximizou o alcance da guerra e passou séculos acreditando que só é possível prevalecer quando o outro é destruído.

E o período mais recente, alavancado pela tecnologia e pelas redes ditas "sociais", nos separou ainda mais em milhares de pequenas tribos. O mundo dito globalizado e conectado, ao contrário do que preconizavam os profetas da tecnologia, acabou tornando-se um arquipélago repleto de ilhas habitadas por diferentes guetos e indivíduos isolados.

A mentalidade individualista e de um isolamento tribal gerou uma multidão de egos separados do mundo. Uma clara fronteira entre o eu e o outro, ou o eu e o mundo. O subproduto dessa separação chama-se competição. Charles Darwin (1809-1882) recebeu uma leitura enviesada e parcial, e acabou sendo escolhido como referência para o argumento de que "só tenho como sobreviver se eu ganhar de você, se eu te destruir". Até se cunhou o termo *darwinismo social* em uma espécie de releitura do filósofo Thomas Hobbes (1588-1679), que defendia que os indivíduos são ameaças mútuas: "o homem é o lobo do homem" (*homo homini lupus*).

Na nossa moderna e "eficiente" sociedade, essa mentalidade competitiva nos estimula a tirar a maior nota, ser o primeiro da turma, ser um profissional "de sucesso" (um diretor executivo, um CEO, um empreendedor rico, um artista famoso, dentre inúmeras outras funções). Prosperar no mundo da separação significa prevalecer individualmente, subir sozinho os degraus da vida, diferenciando-se como alguém destacado dos demais.

Mas essa é uma narrativa inventada por alguns, e infelizmente comprada por muitos, que se consolidou no mundo ocidental. É assim que funciona. Nos convenceram desde criancinhas de que essa é a melhor forma de viver, em uma história contada por grupos humanos que se beneficiam com esta narrativa.

As organizações cartesianas com prazo de validade

O pensamento moderno que separa e divide acabou ocupando todos os espaços da ciência ocidental, modulando também a forma como as organizações foram pensadas e estruturadas.

Elas foram desenhadas como grandes pirâmides, cujo topo é ocupado pelos proprietários e donos do negócio, que delegam o comando à primeira linha de executivos, formando o grupo dos que são considerados mais importantes e poderosos que todos os demais. Nesse modelo, as decisões acontecem de cima para baixo, de quem tem o poder para quem executa os comandos. É uma parte que define o destino do todo. O comando vai se desdobrando a partir do primeiro nível, para "baixo", pelos níveis subordinados e menos poderosos. No topo de cada nível encontram-se gestores que dizem às suas equipes como devem trabalhar e proceder, numa relação de comando e controle que reduz os profissionais a executores técnicos.

Horizontalmente, as organizações foram estruturadas em diferentes caixinhas, sendo que cada uma é hiper especializada em algo muito concreto e técnico. As partes só se comunicam entre si funcionalmente, como engrenagens, em que uma entrega a outra alguma informação ou objeto. As partes se encontram em um dar e receber, não se fundem, não se transformam no encontro, são estáticas, porque, lembremos, a forma cartesiana de entender o mundo é dividindo-o em pequenas realidades separadas por grossas fronteiras.

Os profissionais são remunerados pelo resultado individual que conseguem para sua caixinha, e assim vão ascendendo na pirâmide, que vai ficando cada vez mais estreita. Poucos chegam em cima, mas todos são chamados a se considerar parte do todo, "vestir a camisa" e almejar subir na estrutura.

Realidades e conceitos distintos são isolados e escolhidos por preferências. Assim, por exemplo, entende-se que o estratégico é melhor que o operacional, e que estes não devem se misturar. Ou, em outros casos, que o lucro é melhor que a distribuição da riqueza; a rapidez, melhor que a perenidade etc.

Muitos profissionais – inclusive alguns de meus clientes – ainda sofrem para ir além do que é seu campo técnico e limitado de atuação. Outros apresentam grande dificuldade em se autoconhecer ou mesmo em perceber questões sutis presentes nos contextos em que estão inseridos. O espectro de sua visão e comportamento é o explícito, o sólido e mensurável, e o que foge disso é etéreo, abstrato e até irrelevante (ou mesmo inexistente).

Tenho buscado desconstruir essa mentalidade ao longo de minha carreira como consultor, professor e autor, e vivi momentos auspiciosos, mas me chama a atenção a lentidão dessa mudança de mentalidade. O espírito cartesiano resistiu de uma forma muito mais ferrenha do que eu pude imaginar em minhas projeções da virada do século xx para o xxi. O tipo de organização que descrevi acima é praticamente a mesma que existia no início do século xx. Um século depois essa mentalidade ainda persiste em grande parte das organizações do mundo.

Por outro lado, mesmo com o ritmo mais lento da mudança, sinto-me otimista quando vejo o surgimento gradual de outra forma de conceber e gerenciar as organizações. Até porque o mundo contemporâneo pede outro tipo de estruturas e culturas organizacionais. O mecanicismo entrará gradualmente em um período de ocaso. Há uma nova mentalidade nascendo, menos separatista, hierárquica e controladora. Estamos vivendo um momento de grande transição, no qual o velho mundo de Descartes ainda tenta resistir, ao mesmo tempo que um novo mundo, mais "espinosiano", vai surgindo no universo organizacional, para nossa esperança.

O advento da organização holográfica

O grande desafio que as organizações enfrentam hoje é, portanto, acelerar essa transição para que a sua nova essência – mais adequada ao mundo real e aos desafios contemporâneos – se consolide.

O primeiro acelerador dessa transição acontecerá pela reconfiguração do conteúdo e da forma das organizações. Elas *não são* engrenagens, *não são* uma coleção de partes isoladas que se juntam como peças estáticas. Elas devem ser organismos, coletividades humanas e sociais, formadas por células interconectadas e integradas, nas quais o todo é maior que a soma das partes. Devem ser sistemas com capacidade de auto-organização, uma unidade formada por distintas partes fluidas que se mesclam e se integram continuamente em uma intensa interconexão, em um grande fluxo energético que também se comunica com o exterior através de membranas permeáveis.

As organizações que quiserem acompanhar a história e evoluírem em um mundo cada vez mais complexo deverão abolir suas caixinhas, as áreas com fronteiras grossas que as isolam em unidades fechadas. A imagem de um sistema aberto é a de células em constante integração, com membranas fluidas e uma pulsante participação coletiva que amplia cada vez mais o alcance do organismo.

Existem empresas que estão traçando esse caminho, com equipes que funcionam como *squads*: células dinâmicas, com participantes de diversas especialidades e conhecimentos, organizados ao redor de um projeto e missão. Em vez de estruturas rígidas em que o profissional só executa o que o ritual do cargo o pede – como o protagonista do antológico filme *Tempos modernos* (1936), de Charles Chaplin (1889-1977), que de tanto apertar parafusos fica com um tique nervoso nos braços e nas mãos, repetindo infinitamente o movimento de girar a chave de fenda – o que temos são ciclos de projetos, fluidos, lúdicos e inéditos.

Nessa concepção da organização como sistema aberto, não há um topo da pirâmide que dá ordens para outros executarem, separando a reflexão e a decisão da execução mecânica da base da pirâmide. O que vemos é um conjunto de células fundidas e interligadas, que se comunicam intensamente formando uma unidade maior, que por sua vez está conectada e integrada com o campo mais amplo em que está inserida.

Assim, nesse tipo de organização, não vemos o conceito de "dentro ou fora", mas uma linha tênue que na verdade não é fronteira, mas canal de comunicação e de troca energética com clientes, fornecedores, comunidades, mídia, o planeta, enfim, com tudo o que existe. Podemos chamar esse modelo de *organização holográfica*. Esse termo vem de "holos", que significa "todo" ou "inteiro"[29]. Ken Wilber menciona também o conceito semelhante, de "holon":

> Arthur Koesler intentou o termo "holon" que sendo um todo num contexto, *é parte em um todo mais amplo em outro* [...] O todo, em outras palavras, é mais que a soma das

---

29. O termo "holográfico" também está relacionado à holografia, uma técnica de fotografia que, ao dividir um raio laser em dois feixes separados, e com uma combinação de iluminações, forma uma imagem tridimensional do objeto original fotografado. Nesta experiência, cada parte da imagem contém a imagem total. Este fenômeno é denominado "holograma".

> partes, e esse todo pode influenciar e determinar, em muitos casos, a função das partes.
>
> (Wilber, 2013, p. 47).

Na organização holográfica, podemos ver o mundo todo, em certo sentido, representado, ao mesmo tempo que está totalmente inserida no mundo, não como uma entidade à parte, mas como *um todo dentro de um todo maior*. Na verdade, a organização e o mundo são uma só realidade. Como nos mostrou Espinosa, todas as partes formam uma unidade com o Todo. Essa concepção muda a forma de pensar e estruturar nossas organizações.

Trata-se de uma visão oposta à separação cartesiana, que colocou o ser humano "fora" do mundo, intensificando a noção de que a natureza é um objeto, algo que possuímos e usamos, de alguma maneira. Essa mentalidade se consolidou com o que chamamos "antropocentrismo": a visão de que o *Homo sapiens* é um ser superior a tudo o que existe.

As organizações antropocêntricas usam o mundo ao seu bel prazer, como objeto útil que serve a suas necessidades. As organizações holográficas, em contrapartida, estão inseridas como parte essencial do mundo e, portanto, estão integradas com a natureza, a sociedade, e tudo o que as circunda, em uma íntima e sustentável relação simbiótica.

Inicialmente, na sua fundação, a Visa foi concebida a partir dessa abordagem holográfica e ecossistêmica: uma rede de áreas que orbitavam em torno de um propósito mobilizador, com grande flexibilidade e capacidade de adaptação, inspirada no funcionamento dos sistemas vivos. Dee Hock, o lendário e iconoclasta fundador da empresa, compartilhou sua inquietação em forma de pergunta:

> Será que depois de tanto tempo de evolução temos finalmente suficiente sabedoria, espírito e vontade para

> descobrir os conceitos e condições em que podem nascer instituições com capacidade inerente para a própria adaptação, ordem e aprendizado contínuo; [...] instituições com capacidade para evoluir harmoniosamente umas com as outras, com as pessoas, com todas as outras coisas vivas e com a própria Terra, realizando o potencial mais alto de cada um e de todos? [...]
>
> O fracasso está em deixar de sonhar tudo o que podemos realizar. Temos de tentar!
>
> (**Hock**, 2006, p. 280).

Cito esse tipo de mentalidade que se traduziu em resultados concretos porque não quero parecer um teórico utópico, que fica anunciando por anos a fio – junto a muitos outros pensadores e profissionais – uma abordagem pouco realista ou aderente ao contexto atual. Há muitos autores, como Gary Hamel, Raj Sisodia e Frederic Laloux – entre vários outros –, que vêm apontando exemplos concretos de empresas que buscam de forma consistente aplicar esse paradigma mais orgânico e ecossistêmico em seus modelos de negócio e estruturas. Algumas delas são: Whole Foods, Southwest Airlines, Haier, Nucor, Patagonia, Zappos, Morningstar, Gore, FAVI, Mercur, Nubank, Vagas e tantas outras que vão surgindo e evoluindo com uma nova mentalidade e abordagem[30].

É reconfortante saber que não estamos refletindo sobre conceitos vagos, abstratos, idealistas e irreais, mas sobre princípios robustos, práticos, viáveis e alavancadores, que já vêm sendo concretizados por muitas empresas com resultados palpáveis. Por isso eu gosto de afirmar: nada mais prático do que uma boa filosofia.

***

---

30. Para aprofundar em alguns destes exemplos, sugiro o livro *Reinventando as Organizações* – Frederic Laloux (Curitiba: Voo, 2017).

Como já mencionei, mente e matéria são parte da mesma realidade. Se sonhamos, podemos inventar novos mundos. Muito do que vemos ao longo da história e na atualidade surgiu a partir dessa concepção. Mas alguns protagonistas de grandes e significativas mudanças trazem o outro lado da moeda ao mostrarem que não podemos esperar que o sonho se realize se não agirmos. A ativista ambiental Greta Thunberg, que mobilizou o mundo inteiro para a urgência da preservação do planeta começando com uma greve solitária – sentada na porta de sua escola – diz que prefere agir para, só então, esperar por algo. E o líder sul-africano Albie Sachs – um dos protagonistas do fim do regime do *Apartheid* – defende que, ao agirmos, o sonho vem atrás. Diz Joseph Jaworski, citando Martin Buber: "O que está por acontecer só acontecerá quando decidirmos o que somos capazes de querer" (Jaworski, 2014, p. 139).

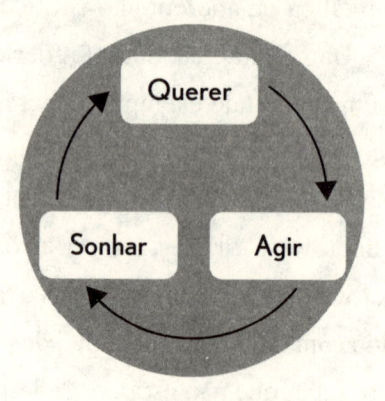

Joseph Jaworski, junto a colegas como Otto Scharmer e Adam Kahane, conceberam e expandiram uma abordagem que chamaram de *Teoria U*, uma jornada em que abrimos mão de antigos pressupostos – que se tornaram estreitos, limitados e não adaptativos –, transformando nossa consciência e nossa visão, para mergulharmos no vazio de todas as possibilidades (a ordem implicada de Bohm, que só pode ser acessada no silêncio do observador) e, então, traduzirmos esse novo olhar em protótipos, invenções de novos caminhos, para consolidá-los em novas realidades, mais adaptadas e evoluídas[31].

Trata-se de um agir que desconstrói o que não funciona mais, movido por um forte desejo de mudança e reinvenção, que, por sua vez, se conecta com uma visão poderosa, que se concretiza em uma nova realidade. De novo, mente e matéria unidas em um fluxo circular constante, a partir de uma realidade maior que informa tudo o que existe.

Nesse sentido, é possível vivermos essa jornada transformadora para repensar e reinventar nossas organizações, se realmente quisermos.

Este momento da história está chamando novos protagonistas a se articularem, unirem-se como uma grande massa crítica de atores e agentes que provocarão uma reviravolta em um sistema arcaico que já se mostrou obsoleto e colapsado. O capitalismo neoliberal radical terá de ser reinventado e, com ele, também as organizações cartesianas e obcecadas apenas pelo lucro.

Vivemos um momento crítico para buscar a dimensão humana, planetária e universal que nos une. Reconectando o que foi separado, dissolvendo as grossas fronteiras, caminharemos em direção ao *uno*, a partir de uma visão do que é comum e benéfico para a humanidade inteira, para o planeta e tudo o que existe.

Assim, reeditando e experimentando o que os astronautas da Apolo 8 viveram, conseguiremos cocriar uma nova história, que permita que o *ponto ômega* de Chardin aconteça. Não há nenhuma garantia de que acontecerá, mas a única forma de torná-lo possível é por meio da mudança de consciência que já se percebe em alguns indivíduos, grupos e instituições, mudança que deve traduzir-se de forma mais ampla e significativa em ações concretas e contundentes.

---

31. Para aprofundar na Teoria U, ver SCHARMER, C. Otto. *Teoria U*. Rio de Janeiro: Alta Books, 2019.

Contamos com a ajuda de muitos filósofos ao longo de séculos de história para resgatar a sabedoria perene e transformá-la em novas ações e iniciativas. Temos como respaldo a força da consciência humana apontando-nos o caminho.

Não precisamos pensar um futuro totalmente diferente nem reinventar a roda, só precisamos olhar com atenção para a jornada que grandes mentes e corações trilharam ao longo de séculos para deixar que o farol da sabedoria nos indique as novas rotas a percorrer.

Para essa renovação ganhar força, precisamos juntar-nos à aventura da sabedoria que nossos filósofos predecessores viveram com muita coragem.

O mundo ainda necessita de muitas mentes, corações e braços para incluir definitivamente a sabedoria perene nos capítulos vindouros da história humana.

Vamos?

BIBLIOGRAFIA

Alves, Rubem. *Variações sobre o prazer.* São Paulo: Planeta do Brasil, 2011.
Arendt, Hannah. *A condição humana.* Rio de Janeiro: Forense Universitária, 2010.
Aristóteles. *Ética a Nicômaco.* São Paulo: Edipro, 2018.
Barros, Manoel de. *Livro sobre nada.* Rio de Janeiro: Record, 1996.
Bohm, David. *Diálogo.* São Paulo: Palas Athena, 2005.
_____ . *Totalidade e a ordem implicada.* São Paulo: Madras, 2008.
Bonder, Nilton. *A Alma Imoral.* Rio de Janeiro: Rocco, 1998.
_____ . *O crime descompensa.* Rio de Janeiro: Rocco, 2012.
Brown, Stuart. *Play – how it shapes the brain, opens the imagination and invigorates the Soul.* New York: Avery, 2010.
Buber, Martin. *Do Diálogo e do Dialógico.* São Paulo: Perspectiva, 2014.
Capra, Fritjof. *O Tao da Física.* São Paulo: Cultrix, 2006.
Carr, Nicholas. *Geração Superficial.* Rio de Janeiro: Agir, 2019.
Chardin, Pierre Teilhard de. *O fenômeno humano.* São Paulo: Cultrix, 2006.
Cherng, Wu Jyh. *Yin Fú Jing – Tratado sobre a união oculta.* Rio de Janeiro: Mauad X, 2008.
Csikszentmihalyi, Mihaly. *Flow: a psicologia do alto desempenho e da felicidade.* Rio de Janeiro: Objetiva, 2020.
Comte-Sponville, André. *O Ser-Tempo.* São Paulo: Martins Fontes, 2006.
Eiler, Riane. *O cálice e a espada.* São Paulo: Palas Athena, 2007.
Edmondson, Amy. *A organização sem medo.* Rio de Janeiro: Alta Books, 2020.
Espinosa, Baruch. *Ética.* Petrópolis: Vozes, 2023.

_____ . Olderburg, Henry. *Correspondência entre Espinosa e Oldenburg*. Belo Horizonte: Autêntica, 2021.

Eliot, T. S. *Poesia*. Rio de Janeiro: Nova Fronteira, 2000.

Ghaemi, Nassir. *A first-rate madness*. New York: Penguin Books, 2012.

Gleiser, Marcelo. *A Ilha do Conhecimento*. Rio de Janeiro: Record, 2014.

Foucault, Michel. *A história da loucura*. São Paulo: Perspectiva, 2019.

Frankl, Victor. *O Homem em busca de um sentido*. Alfragide: Lua de Papel, 2012.

Ferry, Luc; Capelier, Claude. *A mais bela história da filosofia*. Rio de Janeiro: Bertrand Brasil, 2017.

_____ . *Aprender a viver: filosofia para os novos tempos*. Rio de Janeiro: Objetiva, 2007.

Hamel, Gary; Zanini, Michele. *Humanocracia* – criando organizações tão incríveis quanto as pessoas que as formam. Rio de Janeiro: Alta Books, 2021.

Harari, Yuval N. *Homo Deus* – uma breve história do amanhã. São Paulo: Companhia das Letras, 2016.

Heidegger, Martin. *Ser e Tempo*. Petrópolis: Vozes, 2015.

Heifetz, Ronald; Linsky, Marty. *Liderança no fio da navalha*. Rio de Janeiro: Campus, 2002.

Han, Byung-Chul. *Sociedade do Cansaço*. Petrópolis: Vozes, 2017.

Hock, Dee. *Nascimento da era caórdica*. São Paulo: Cultrix, 2006.

Horácio. *Odes*. São Paulo: Editora 34, 2021.

Huntington, Samuel P. *O Choque de Civilizações*. Rio de Janeiro: Objetiva, 1997.

Huizinga, Johan. *Homo ludens*. São Paulo: Perspectiva, 2019.

Irwin, William *et al*. *Matrix* – bem-vindo ao deserto do real. São Paulo: Madras, 2003.

Jackson, Phil. *Onze Anéis* – A alma do sucesso. Rio de Janeiro: Rocco, 2014.

Jaworski, Joseph. *Sincronicidade:* o caminho interior para a liderança. São Paulo: Best Seller, 2000.

_____ . *A fonte.* São Paulo: Cultrix, 2014.

Johnson, Barry. *Polarity Management.* Amherst: HRD Press, 1996.

Jung, Carl G. *O eu e o inconsciente.* Petrópolis: Vozes, 2011.

_____ . *Sincronicidade.* Petrópolis: Vozes, 2011.

Kagge, Erling. *Silêncio* – na era do ruído. Rio de Janeiro: Objetiva, 2017.

Kahane, Adam. *Como Resolver Problemas Complexos.* São Paulo: Senac, 2008.

Kellerman, Barbara. *O Fim da Liderança.* Rio de Janeiro: Elsevier, 2012.

Kant, Immanuel. *Crítica da Razão Pura.* Petrópolis: Vozes, 2015.

Krugman, Paul. *A crise de 2008.* São Paulo: Elsevier, 2009.

Laloux, Frederic. *Reinventando as organizações.* Curitiba: Voo, 2017.

Laplace, Pierre-Simon. *Ensaio filosófico sobre as probabilidades.* Rio de Janeiro: Contraponto, 2010.

Lent, Roberto. *O cérebro aprendiz.* São Paulo: Atheneu, 2018.

Levine, Peter. *Uma Voz sem Palavras.* São Paulo: Summus, 2012.

Loparic, Zeljko. *Heidegger.* Rio de Janeiro: Jorge Zahar Ed., 2004.

Mackey, John; Sisodia, Raj. *Capitalismo Consciente* – como libertar o espírito heroico dos negócios. Rio de Janeiro: Alta Books, 2018.

Martini, Carlo Maria. *Effatá* – Abre-te. Lisboa: Edições Paulistas, 1992.

Mattelart, Armand e Michèle. *História das Teorias da Comunicação.* São Paulo: Edições Loyola, 2001.

Meisler, Rony; Pugliese, Sergio. *Rebeldes têm Asas.* Rio de Janeiro: Sextante, 2017.

Monteiro, Paulo; Passarella, Wanderlei. *A Reinvenção da Empresa* – Projeto Ômega. São Paulo: Évora, 2017.

Nietzsche, Friedrich. *O nascimento da tragédia.* São Paulo: Companhia das Letras, 2007.

Padua, Elza. *Esquizofrenia Social.* Porto Alegre: Zouk, 2006.

Platão. *A República.* Rio de Janeiro: Nova Fronteira, 2014.

_____ . *Banquete.* São Paulo: Martin Claret, 2005.

_____ . *Diálogos* – Teeteto, Sofista, Protágoras. Bauru: Edipro, 2014.

Pikkety, Thomas. *O Capital no século XXI.* Rio de Janeiro: Intrínseca, 2014.

Pink, Daniel. *Motivação 3.0.* Rio de Janeiro: Sextante, 2019.

Pinto, Christina C.; Monteiro, Paulo, *Cultura e Marcas sem Máscaras,* em Meio & Mensagem – 23/09/20.

Porto, Luciano. *Inovação Social* – no fluxo do progresso. Rio de Janeiro: Reptil. 2017.

Prideaux, Sue. *Eu sou dinamite:* a vida de Friedrich Nietzsche. São Paulo: Planeta do Brasil, 2019.

Putnam, Robert. *Bowling Alone.* New York: Simon & Schuster, 2001.

Quintás, Alfonso Lopez. *El secuestro del lenguaje.* Madrid: Asociación para el progreso de las ciências humanas, 1987.

Ribeiro, Sidarta. *O oráculo da noite.* São Paulo: Companhia das Letras, 2019.

Saint-Exupéry, Antoine de. *O Pequeno Príncipe.* Rio de Janeiro: Agir, 1984.

Sandel, Michael J. *A Tirania do Mérito* – o que aconteceu com o bem comum? Rio de Janeiro: Civilização Brasileira, 2020.

Scharmer, C. Otto. *Teoria U.* Rio de Janeiro: Alta Books, 2019.

_____ .*O essencial da teoria U.* Curitiba: Voo, 2020.

Schein, Edgar. *Liderança sem Ego.* São Paulo: Cultrix, 2018.

Semler, Ricardo. *Você está Louco!* Uma vida administrada de outra forma. Rio de Janeiro: Rocco, 2006.

Senge, Peter. *A Quinta Disciplina.* Rio de Janeiro: Best Seller, 2008.

Sheldrake, Rupert. *Uma nova ciência da vida.* São Paulo: Cultrix, 2016.

Schwab, Kalus. *A quarta revolução industrial.* São Paulo: Edipro, 2016.

Varchetta, Giuseppe. *Ambiguidade Organizacional.* Rio de Janeiro: Qualitymark, 2010.

Weber, Max. *A ética protestante e o espírito do capitalismo.* São Paulo: Martin Claret, 2005.

Weil, Pierre. *O fim da guerra dos sexos.* Brasília: Letrativa, 2002.

_____ ; Leloup, Jean-Yves; Crema, Roberto. *Normose* – A patologia da normalidade. Petrópolis-RJ: Vozes, 2012.

Wilber, Ken. *Espiritualidade Integral.* São Paulo: Aleph, 2006.

_____ . *O olho do espírito.* São Paulo: Cultrix, 2013.

Zanini, Marco; Migueles, Carmen *et al.*, *Gestão integrada de ativos intangíveis.* São Paulo: Saraiva, 2017

Zi, Lao. *Dao de Jing.* São Paulo: Hedra, 2014.

CONHEÇA MAIS O AUTOR

Paulo Monteiro é mestre em Comunicação e Educação pela Pontifícia Universidade Católica do Chile e pela Universidade Autônoma de Barcelona; obteve o bacharelado em Filosofia pelo Ateneo Pontificio Regina Apostolorum de Nova York e é graduado em Comunicação Social pela PUC-RJ. Depois de um período estudando e trabalhando em outros países, o autor trouxe ao Brasil experiência profissional e acadêmica suficiente para atuar como consultor em desenvolvimento humano e organizacional. Há anos, Monteiro aplica seu conhecimento em Ciências Humanas, Filosofia e Gestão ao mundo das empresas. Também é professor em MBAs e cursos *in company* para algumas das principais instituições do país, como a Fundação Getulio Vargas e a Fundação Dom Cabral. Como consultor e coach, o autor busca provocar estruturas vigentes para levar indivíduos e culturas à sua melhor versão.

LinkedIn: https://br.linkedin.com/in/paulo-monteiro
Site: www.pmconsultoria.net
YouTube: www.youtube.com/@pmconsultoria

DESCUBRA NOSSOS LIVROS

A ODISSEIA DA FILOSOFIA
UMA BREVE HISTÓRIA DO PENSAMENTO OCIDENTAL

JOSÉ FRANCISCO BOTELHO

"Francisco costura, com grande originalidade, história política e do pensamento. Dono de um estilo preciso e atraente, leva o leitor para onde quer, fazendo-o degustar enredando num prazer de leitura por intermédio de uma narrativa cujos fios tece com a excelência de quem sabe fazer o que faz."

— **Clóvis de Barros Filho**, filósofo e autor best-seller

A ODISSEIA DA FILOSOFIA
Brochura | 226 p.
15,5 x 23 cm
ISBN: 9786588370193

DESCUBRA NOSSOS LIVROS

Onde estão as filósofas mulheres?

A filosofia sempre teve o rosto de um homem velho e reflexivo, com uma barba longa e uma túnica grega...

Mas essa figura acaba excluindo a imagem (e, por consequência, o trabalho) de outros filósofos dentro do nosso imaginário.

FILÓSOFAS
Brochura | 288 p.
15,5 x 23 cm
ISBN: 9786588370674

DESCUBRA NOSSOS LIVROS

Um Mauricio, dois Mauricios

Se a parte criativa é admirada no Brasil e no mundo, a parte empreendedora, muitas vezes silenciosa e discreta, foi a responsável por sustentar um sonho que se tornou mil vezes realizado. Neste livro, Mauricio de Sousa relata sua jornada, dificuldades e sucessos como empreendedor.

CRIE DE MANHÃ, ADMINISTRE À TARDE
Brochura | 256 p.
15,5 x 22,5 cm
ISBN: 9788594484116

DESCUBRA NOSSOS LIVROS

ALINE RESTANO • BERNARDO BUENO
DANIEL SPRITZER • JULIANA POTTER
LAURA MOREIRA

crianças bem conectadas

Como o uso consciente da tecnologia pode se tornar um aliado da família e da escola

mqnr

É difícil acompanhar as mudanças

Mesmo para a mãe descolada, o pai geek, a professora inovadora ou o profissional atualizado, a tecnologia muda num ritmo acelerado. Este livro reflete sobre a tecnologia na vida de nossas crianças, e como ela pode ser uma aliada para criar experiências significativas e duradouras.

CRIANÇAS BEM CONECTADAS
Brochura | 224 p.
15,5 x 23 cm
ISBN: 9786588370889

DESCUBRA NOSSOS LIVROS

Ricardo di Lazzaro

Prefácio por Alexandre Ottoni, cofundador do *Jovem Nerd*

O DNA DO BRASILEIRO

Como a genética influencia o nosso comportamento e ajuda a contar a nossa história

mqnr

Como a genética ajuda a contar a nossa história

Falar sobre o DNA do brasileiro é contar a história do nosso povo, entender parte do nosso presente, e imaginar como será nosso futuro. É ajudar a definir quem somos e o que nos faz sermos únicos.

O DNA DO BRASILEIRO
Brochura | 256 p.
15,5 x 22,5 cm
ISBN: 9788594484147

DESCUBRA NOSSOS LIVROS

TIAGO FEITOSA
Sua carreira é maior que seu emprego

CONSTRUA UMA HISTÓRIA DE SUCESSO NO MERCADO FINANCEIRO

Você tem as chaves para abrir a porta de uma carreira inabalável

Se você sente que tem dependência do seu emprego atual, está infeliz com o rumo da sua carreira, que está despreparado profissionalmente e pensa em atingir o sucesso na carreira e na vida: Sua carreira é maior que seu emprego é a solução.

SUA CARREIRA É MAIOR QUE SEU EMPREGO
Brochura | 224 p.
15,5 x 22,5 cm
ISBN: 9788594484208

Esta obra foi composta por Maquinaria Editorial na família tipográfica FreightText Pro, Gazzetta e Nobel. Impresso pela gráfica Plena Print em junho de 2024.